पोलिश कवि

चेस्लाव मीलोष : कविताएँ

पोलिश कवि

चेस्लाव मीलोष : कविताएँ

मूल पोलिश से हिन्दी अनुवाद

अशोक वाजपेयी
रेनाता चेकाल्स्का

वाणी प्रकाशन

वाणी प्रकाशन

'लोगो' वाणी प्रकाशन : मक़बूल फ़िदा हुसेन

वाणी प्रकाशन, 4695, 21-ए, दरियागंज, नयी दिल्ली-110002
वाणी प्रकाशन, अशोक राजपथ (पटना कॉलेज के सामने), पटना (बिहार)

POLISH KAVI CZESLAW MILOSZ : KAVITAYEN

Translated by Ashok Vajpeyi
and Renata Czekalska

Poetry

ISBN : 978-93-5000-701-3

प्रथम संस्करण

मूल्य : 95/-

वाणी प्रकाशन
फोन : 0091#11#23273167, फोन व फैक्स 23275710
वेबसाइट : www.vaniprakashan.in
ई-मेल : vaniprakashan@gmail.com

जी.एस. ऑफसेट द्वारा दिल्ली-110032 में मुद्रित

कवि परिचय

कवि, गद्यकार, निबन्धकार, अनुवादक और 1980 में नोबेल पुरस्कार से विभूषित चेस्लाव मीलोष का जन्म 30 जून, 1911 को लिथुआनिया के एक गाँव षेतेइन्ये में हुआ जो उस समय पोलैण्ड का हिस्सा था।

1929 में उन्होंने उच्चतर माध्यमिक शिक्षा समाप्त की और 1933 में उन्होंने विल्न्यूस विश्वविद्यालय में कानून की पढ़ाई समाप्त की। 1930 में उनकी दो कविताएँ 'अल्मा मैटर विल्लेन्सिस' नामक अकादेमिक पत्रिका में प्रकाशित हुईं। 1931 में वे एक छात्रवृत्ति पर पैरिस गये। उसी वर्ष 'जागारि' नाम की एक पत्रिका और एक समूह स्थापित हुए जिसके रचयिताओं में मीलोष शामिल थे। 1933 में उनका पहला काव्य-संग्रह 'पाला-लगे समय में कविता' और सामाजिक कविता का एक संचयन प्रकाशित हुए। 1934 में उन्हें अपनी कविता के लिए विल्न्यूस साहित्य संघ से एक पारितोषिक मिला। वे 1934 में एक वर्ष के लिए फिर पैरिस गये। 1936 में उनका दूसरा कवितासंग्रह 'तीन जाड़े' निकला जिसे पोलिश साहित्य-जगत में एक घटना माना गया। 1937 में वे इटली गये और वहाँ से लौटकर वे वार्षावा में बस गये। 1938 में उन्हें अपनी कहानी 'हिसाब-किताब' के लिए पारितोषिक मिला। युद्धपूर्व की कई पत्रिकाओं में उनके निबन्ध प्रकाशित हुए जिन पर व्यापक चर्चा हुई।

सितम्बर 1939 में पोलिश रेडियो के अन्य कर्मचारियों के साथ मीलोष को पूर्वी पोलैण्ड में शरण लेनी पड़ी। जब 17 नवम्बर को रूसी लाल सेना ने पोलैण्ड पर हमला किया तो वे रूमानिया भाग गये। लेकिन वे पश्चिमी यूरोप नहीं गये, दूसरे कई लेखकों और राजनैतिक व्यक्तियों की तरह; वे पोलैण्ड वापस आ गये। जनवरी 1940 में वे वापस विल्न्यूस

पहुँचे और जब लाल सेना ने लिथुआनिया पर कब्ज़ा कर लिया तो वे वार्सावा आ गये जहाँ उन्होंने विश्वविद्यालय के पुस्तकालय में चौकीदार के रूप में काम किया। उन्होंने भूमिगत साहित्यिक गतिविधियों में सक्रिय हिस्सा लिया। 1940 में उन्होंने यान सिरूच के छद्म नाम से 'कविताएँ' शीर्षक एक संग्रह प्रकाशित किया। 1942 में उन्होंने 'स्वतंत्र गीत' शीर्षक एक संचयन का सम्पादन किया जिसमें देशभक्त कविताएँ थीं। वार्सावा विप्लव के दमन के बाद उन्होंने वार्सावा छोड़ दिया और 1945 में उन्होंने क्राकूव में रहना शुरू किया। वे 'सर्जनात्मकता' नामक एक पत्रिका के सम्पादक-मण्डल में शामिल हो गये और उनका एक संग्रह 'मुक्ति' शीर्षक से प्रकाशित हुआ। वह एक बड़ा संग्रह था जिसमें युद्ध के पहले और नाज़ी कब्ज़े के दौरान लिखी गयी कविताएँ थीं। 1945 से 1961 तक मीलोष ने पोलिश विदेश मंत्रालय के अन्तर्गत प्रशासनिक दायित्व निभाया, पहले न्यूयार्क और वाशिंगटन में संस्कृति अधिकारी के रूप में और बाद में पैरिस में पोलिश दूतावास के सचिव के रूप में। 1951 में वे राजनैतिक प्रवासी बन गये। पहले वे पैरिस में ही रहे आये 1960 तक। उस दौरान उन्होंने एक निबन्ध-पुस्तक 'क़ैदी दिमाग़' 1953, कवितासंग्रह 'दिन का उजाला' 1953, उपन्यास 'सत्ता हथियाते हुए' 1953, और 'इस्सा की घाटी' 1955 और 'कविता पर प्रबन्ध' प्रकाशित किये।

1957 में पोलैण्ड में एक पत्रिका में मीलोष की कुछ कविताएँ और उनके बारे में आलोचकों के विधेयात्मक मत प्रकाशित हुए। उसके बाद बरसों तक मीलोष की कृतियाँ आधिकारिक रूप से पोलैण्ड में उपलब्ध नहीं थीं। 1968 में उनका एक निबन्धसंग्रह 'सुपरिचित यूरोप' प्रकाशित हुआ और एक और पुस्तक 'महाद्वीप'। उसी वर्ष उन्हें निर्वासित पोलिश लेखकों के संगठन ने पुरस्कृत किया। 1960 में वे अमरीका गये, कैलीफ़ोर्निया और इण्डियाना विश्वविद्यालयों के निमन्त्रण पर। वे बर्कले में कैलीफ़ोर्निया विश्वविद्यालय के स्लाविक साहित्य और भाषा विभाग में आचार्य के पद पर नियुक्त हुए। 1962 में उनका एक कविता संग्रह 'राजा पोप्येल और अन्य कविताएँ' प्रकाशित हुआ। एक निबन्ध भी 'बिच्छुओं के बीच एक आदमी'। 1965 में एक और संग्रह निकला जिसका शीर्षक था 'मोहित गूचो'। उसी वर्ष उन्होंने अंग्रेज़ी में युद्धोत्तर पोलिश कविता का एक संचयन संपादित और प्रकाशित किया। उन्होंने

अनुवाद स्वयं किये थे। 1969 में उनका लिखा पोलिश साहित्य का इतिहास प्रकाशित हुआ। 1969 में ही कई प्रकाशन आये 'नामहीन शहर' कविता संग्रह और निबन्ध-संग्रह 'सैन फ्रेंसिस्को खाड़ी से दृश्य'। 1972 में एक और निबन्ध-संग्रह आया, 'निजी कर्त्तव्य'।

मीलोष की कविताओं का अंग्रेज़ी अनुवाद में पहला संचयन 'सिलेक्टेड पोयम्स' 1973 में निकला। उसके बाद अंग्रेज़ी में 'पोयम्स', 1977 में, 'बैल्स इन विण्टर', 1978 में दो संचयन प्रकाशित हुए। 1974 में पोलिश में उनका नया कवितासंग्रह 'जहाँ सूरज उगता और जहाँ अस्त होता है' आया और उन्हें पोलिश पेन क्लब का पुरस्कार पोलिश कविता के अंग्रेजी अनुवाद के लिए मिला।

1976 में मीलोष को जर्मनी का गुगेनहाइम पुरस्कार, 1977 में मिशीगन विश्वविद्यालय की मानद डाक्टोरेट, नोइश्टाड अन्तरराष्ट्रीय पुरस्कार और कैलीफ़ोर्निया विश्वविद्यालय का सर्वोच्च पुरस्कार 'बर्कले साइटेशन' मिले। 1977 में उन्होंने 'उल्रो का देश' और 'मेरा युग' दो निबन्ध-संग्रह प्रकाशित किये। 1978 में उन्होंने पैरिस में बाइबिल के अपने पोलिश अनुवाद प्रकाशित करना शुरू किये। 1980 में साहित्य के लिए नोबेल पुरस्कार मिला। तब से 1988 तक पोलेण्ड में अधिकृत रूप से प्रकाशित होने दिये गये हालाँकि सेंसर द्वारा यथोचित संशोधनों के साथ।

1981 में मीलोष पोलैण्ड आये और उन्हें लूब्लीन कैथोलिक विश्वविद्यालय द्वारा डाक्टोरेट की मानद उपाधि दी गयी। इसी वर्ष पहले पैरिस और बाद में पोलैण्ड में उनका कवितासंग्रह 'मोती के बारे में स्तुति' प्रकाशित हुआ। 1984 में उनका अगला संग्रह 'अप्राप्य पृथ्वी' निकला और 1985 में एक निबन्ध-संग्रह 'अपनी गली से शुरू करते हुए' प्रकाशित हुआ। 1988 में मीलोष ने पोलैण्ड में पहले पहल प्रकाशित होने वाला अपना पहला संग्रह 'वृत्तान्त' प्रकाशित किया। 1989 में उनकी चुनी हुई कविताओं का संचयन 'आधिभौतिक यति' निकला।

1986 में उनकी पत्नी यानीना का देहान्त हुआ जिनके लिए मीलोष ने 'यानीना की मृत्यु पर' शीर्षक कविता लिखी।

1989 में मीलोष फिर पोलैण्ड की यात्रा पर आये जब वहाँ विशाल

सामाजिक परिवर्तन हो रहे थे जोकि सोलीडेरिटी आन्दोलन द्वारा शुरू किये गये थे। तब उन्हें याग्येलोन्यन विश्वविद्यालय की मानद उपाधि मिली। उन्हें उसी वर्ष हार्वर्ड विश्वविद्यालय ने भी मानद उपाधि दी। 1992 में उन्होंने 'मातृभूमि की खोज में' शीर्षक पुस्तक प्रकाशित की जिसमें उन्होंने लिथुआनिया की संस्कृति, इतिहास और भूगोल का विश्लेषण किया। उसी वर्ष, बादन वर्षों के अन्तराल के बाद, वे पहली बार लिथुआनिया गये। वहाँ उन्हें वीतोल्द महान विश्वविद्यालय की मानद उपाधि दी गयी। (और इसी तरह का सम्मान उन्हें बोलोन और रोम विश्वविद्यालयों से भी मिला।) अपनी श्रेष्ठ उपलब्धि के लिए उन्हें लिथुआनिया का सर्वोच्च पुरस्कार भी मिला।

1993 में क्राकूव में उनकी सम्पूर्ण कविताएँ तीन ज़िल्दों में प्रकाशित हुईं और उन्हें इसी वर्ष क्राकूव की मानद नागरिकता दी गयी। मीलोष अब क्राकूव में ही रहते हैं।

1997 में उन्होंने प्रकाशित किये : कविताओं और काव्यात्मक गद्य का संग्रह 'गली का कुत्ता' और 'मीलोष का क ख ग'। 1998 में 'मीलोष का दूसरा क ख ग' और उन्हें नीके पुरस्कार 'गली का कुत्ता' के लिए मिला। 1999 में उन्होंने 'दूसरे दशक में सैर' नामक पुस्तक प्रकाशित की; दो कविता-संग्रह भी 'यह' (2000) 'दूसरा स्थान' (2002) और एक लम्बी कविता, दूसरी पत्नी कैरोल को समर्पित 'आरफ़ियस और यूरीडिसी' (2002)।

2001 में क्राकूव के दो प्रकाशनगृहों ने उनके सम्पूर्ण साहित्य को कई ज़िल्दों में प्रकाशित करना शुरू किया।

कविता का खुला घर

कविता का एक उपयोग यह है कि वह हमें याद दिलाता है
कि कितना कठिन है वही व्यक्ति बने रहना
क्योंकि हमारा घर खुला है, दरवाज़े में कोई चाबी नहीं,
और अदृश्य अतिथि अपनी मरज़ी से आते-जाते हैं।

जो मैं कह रहा हूँ, मानता हूँ, काव्य नहीं है
क्योंकि कविताएँ कम ही झिझकते हुए लिखने दी जाती हैं,
असह्य लाचारी में और सिर्फ़ इस उम्मीद से,
कि मंगलकारी शक्तियाँ, अशुभ नहीं, हमारा औजार की तरह उपयोग करें।

संसार में अनिवार्य रूप से मौजूद बुराई और मानवीय यातना को अपनी कविता के केन्द्र में रखने वाले पोलिश कवि चेस्लाव मीलोष बीसवीं शताब्दी के उत्तरार्द्ध में विश्व-कविता के अधिकतर उलझे परिदृश्य में एक अनिवार्य नाम रहे हैं। इस समय वे सम्भवतः विश्व-कविता के सबसे जेठे सक्रिय कवि हैं। पोलिश कविता, अपनी सारी विविधता-जटिलता-मानवीयता के बावजूद, भारत में हमारे लिए और सम्भवतः सारे विश्व में, बन्द सचाई रहती अगर सौभाग्य से कई दशकों पहले हमें मीलोष की कविताएँ पहले पहल अंग्रेज़ी अनुवाद में पढ़ने न मिली होतीं। इसमें कोई सन्देह नहीं है कि अपनी भाषा की आधुनिक कविता को विश्व-परिदृश्य में लाने और प्रतिष्ठित करने का जो उद्यम मीलोष ने किया उसने एकबारगी उस परिदृश्य को बदल दिया। ज़ाहिर है यह निरा मातृभाषा का प्रेम न था। उसके पीछे मीलोष का यह गहरा आत्मविश्वास शामिल था कि पोलिश कविता में कुछ अद्वितीय, मानवीय

और कलात्मक रूप से सार्थक हो रहा है। अधिकांशतः अंग्रेज़ी और यूरोप की कुछ प्रमुख भाषाओं की कविता तक महदूद विश्व-कविता का इस तरह अत्यन्त उत्तेजक और दूरगामी परिवर्द्धन शुरू हुआ जिसमें पहली बार हमने आश्चर्य और उत्साह से पोलिश, चैक, हंगारी आदि की कविता, उनका उजला और सक्रिय वितान जाना। सारे विश्व में कविता के भूगोल में यह परिवर्तन निर्णायक सिद्ध हुआ है। बल्कि यह कहना अनुचित न होगा कि स्वयं विश्व-कविता की धारणा को विश्व-साहित्य में ठोस ढंग से परिभाषित और प्रतिष्ठित करने में मीलोष की महत्त्वपूर्ण भूमिका असन्दिग्ध रही है।

सम्भवतः अपनी जातीय ईसाई परम्परा से मीलोष ने मनुष्य में अनिवार्यतः मौजूद बुराई का जो तीख़ा अहसास पाया था उसे पोलैण्ड में पहले नाज़ी और बाद में साम्यवादी तानाशाहियों द्वारा दमित-शोषित किये जाने के दुखद ऐतिहासिक अनुभवों ने मीलोष को इस बुराई को उसकी सारी विकृतियों और उसमें लोगों की दुर्भाग्यपूर्ण साझेदारी या उनके बारे में अवसरवादी चुप्पी के साथ नजदीक से देखने-समझने का अवसर दिया। कविता उनके लिए इसके विरुद्ध संघर्ष की रणभूमि बनी। सौभाग्य से इसने उन्हें कविता को महिमामण्डित करने का प्रलोभन नहीं दिया। वे पोलिश कविता के नायक और उन्नायक दोनों ही बने रहे लेकिन उनकी कविता किसी तरह के बड़बोलेपन या हीरोइक्स से मुक्त रही। बल्कि वे बार-बार कविता की सीमाओं पर विचार करते हैं। उनमें अपनी कविता में यह कह सकने की बेबाकी है :

मैं जानता था कि मेरे जैसे छुटभैये के लिए क्या बचा है :
तुच्छ आशाओं का मौज, घमण्डियों का जमावड़ा,
कुबड़ों का टूर्नामैण्ट, साहित्य।

मीलोष ने लगातार कविता के उपयोग को लेकर अपना ईमानदार सन्देह व्यक्त किया है :

वह कविता क्या है जो नहीं बचाती
देशों या लोगों को?
सरकारी झूठों में साझा,
पियक्कड़ों का गीत जिनके गले पल भर बाद क़लम कर दिये जाएँगे,

कुँवारी लड़की के कमरे में किये गये पाठ।

यह नहीं कि मीलोष यह नहीं जानते कि अनेक समाजों में, विशेषतः उनमें जिनमें राजनैतिक दमन और अत्याचार का वर्चस्व हो जैसा दशकों तक पोलिश समाज में रहा, कविता मनुष्य की विडम्बनाओं का दस्तावेज़ होने के साथ-साथ एक तरह का अतिजीवन भी रही है। लेकिन कविता की यह अतिजीविता साधारण लोगों की अतिजीविता की कोशिशों से अलग नहीं की जा सकती : उसमें मीलोष वैसी ही चतुराई, दुचित्तापन और विडम्बना देख पाते हैं। एक बातचीत में उन्होंने मुझसे कहा कि "यातना... मेरी कविता और विश्वदृष्टि के केन्द्र में रही है। लेकिन मैं सिर्फ़ मानवीय यातना पर एकाग्र नहीं होना चाहता हूँ। मुझे लगता है कि मुझमें कुछ पूर्वी तत्त्व हैं और मैं यातना को सभी जीवित प्राणियों से जोड़ता हूँ।" मीलोष के यहाँ कविता उनकी मानवीयता का विस्तार है। वह मानो हमें बार-बार, सन्दर्भ चाहे यातना का हो, चाहे प्रेम का, चाहे बुराई की शक्ति का, मनुष्य ही नहीं मनुष्य के पड़ोस में ले भी जाती है।

2

1911 में जन्मे मीलोष पिछली शताब्दी में उन महान लेखकों में से हैं जिन्हें लगभग सारी जिन्दगी अपने देश और भाषा से निर्वासित रहना पड़ा है लेकिन जिन्होंने इस देश निकाले को अपनी, अपने समय में मनुष्य की स्थिति को थोड़ा दूर से समझने और विन्यस्त करने में इस्तेमाल किया है। अपनी ज़िन्दगी के अन्तिम चरण में, 92 वर्ष की परिपक्व आयु प्राप्त कर, वे इन दिनों पौलेण्ड की सांस्कृतिक राजधानी क्राकूव में रहते हैं। उल्लेखनीय यह है कि उन्होंने अपनी सत्तर बरसों की सृजन-सक्रिय अवधि में, जिसमें से चालीस से अधिक बरस अमरीका के बर्कले विश्वविद्यालय में स्लाव भाषा और साहित्य पढ़ाते बीते, अपनी भाषा पोलिश में ही लिखा–सैकड़ों कविताएँ और काफ़ी मात्रा में गद्य भी। यह आकस्मिक नहीं है कि उनकी एक प्रसिद्ध काव्योक्ति है : 'भाषा मेरा माप है।' उनकी अदम्य जिजीविषा का प्रमाण यह है कि वे अब तक लिख रहे हैं–इन दिनों बोल कर लिखाते हैं–और

उनका पहला कविता-संग्रह उनके इक्कीस वर्ष का होने के पहले प्रकाशित हो गया था जबकि उनकी लम्बी कविता 'आरफ़ियस और यूरोडिसी' वर्ष 2002 में प्रकाशित हुई है।

अपने नोबेल व्याख्यान में मीलोष ने इसरार किया है कि वे यूरोप की सन्तान हैं पर उस दूसरे यूरोप की जिसके निवासी अँधेरे के हृदय में उतरने को विवश थे। भले सिमोन वील के अनुसार "दूरी सुन्दरता की आत्मा होती है", मीलोष की अपने देश से भौगोलिक दूरी ने उन्हें कभी अपने समय की सचाइयों से दूर नहीं रखा। बल्कि वे सचाइयाँ, अनेक प्रलोभनों का प्रतिरोध, जिनमें स्वयं सचाई और इतिहास का सरलीकरण करना भी एक बड़ा प्रलोभन था, और अनेक अतिरेकों से घिरे रह कर भी मानवीय विवेक की सक्रियता उनकी कविता के केन्द्र में रही है। इतिहास के भयानक विवर्त में फँसे और अपनी स्मृतियों को घाव की तरह लिये हुए मीलोष एक ऐसे कवि हैं जिन्होंने एक तरह के आध्यात्मिक सन्तुलन की खोज अपनी कविता के माध्यम से की है। उनकी कविता बार-बार हमारे समय में बुराई की शक्तियों द्वारा लोगों के पोषक सम्बन्धों जैसे परिवार, धर्म, पड़ोस, साझी विरासत के ध्वंस की चेष्टाओं के प्रति सचेत रहने की कविता है। उसमें पोलैण्ड में नाजियों द्वारा किये गये यहूदियों के नरसंहार और साम्यवादी सत्ता द्वारा किये गये दूसरे संहारों की तीखी स्मृति सदा सक्रिय है। मीलोष की कविता साहस और निर्भीकता के साथ गवाही देने वाली कविता है जिसमें यह उम्मीद शामिल है कि सर्वनाश असम्भव है, कि मनुष्यता अन्ततः अपराजेय, कि कविता स्वयं भाषा और मानवीय संवेदना का अति जीवन है, कि बचना और बचाना सम्भव है, कि इस ख़ूँख़ार हत्यारे समय में आशा और आस्था आवश्यक हैं।

क्राकूव में मैं मई-जून 2003 में दो बार मीलोष से मिला। वे एक बूढ़े धीरोदात्त नायक की तरह हैं—उन्हें 'आधुनिक पोलिश कविता का राजा' माना जाता है। उनमें सहज विनोद भाव है। उन्हें यह जानकर अचरज होता है कि उनकी कविता और गद्य के बारे में भारतीय साहित्य-समाज में काफ़ी परिचय और उत्सुकता है। उनमें जीवन के प्रति उतनी ही सहज आसक्ति है जितनी मनुष्यता के चरम प्रश्नों के प्रति स्वाभाविक जिज्ञासा। वे मानते हैं कि 'कविता ज़रूरी तौर पर अस्ति के पक्ष में

और शून्यता के विरुद्ध होती है।' एक समय कविता को 'आखिरी परकोटा' मानने वालो मीलोष कहते हैं कि 'भाषा में लय आखिरी परकोटा है। ...भाषा की लय बचाव का एक तरीका भी है।'

3

आयरिश कवि सीमस हीनी ने, जो स्वयं नोबेल पुरस्कार प्राप्त हैं, चेस्लाव मीलोष की कविता के बारे में यह कहा है कि वह सचाई के सिद्धान्त और आनन्द के सिद्धान्त के बीच सन्तुलित है : वह आनन्द भी देती है और सीख भी। इस अर्थ में मीलोष को उनकी गहरी और अदम्य रूमानियत के बावजूद एक शास्त्रीय कवि कहा जा सकता है। उनकी कविता का रेंज व्यापक और विविध है—उसमें महाकाव्य जैसा विस्तार है। उसके केन्द्र में है एक तरह की उदास समझ। यह समझ निश्चित ही पिछली शताब्दी में हुए अतिचारों और उनके हश्र से उपजी-पुसी है। पर कहीं न कहीं उसमें कवि की भूमिका की प्राचीन अवधारणा भी शामिल है। कवि के पास अनुभवों और अन्तर्दृष्टि का एक ऐसा पवित्र कोष है जो उसकी अभिव्यक्ति को सारी खूँखार और मैली सचाइयों के बरक़्स एक तरह का उजलापन देता है। वह मानो निपट मानवीय को हमारे समय में, उससे कुछ ऊपर बनाने की ओर ढकेलता है। अपने ब्यौरों में कविता निजी ज़िम्मेदारी का बखान करती और उसे चरितार्थ करती है। मीलोष की कविता इस अर्थ भर में सामाजिक नहीं है कि वह पिछली शताब्दी की प्रायः सभी बड़ी घटनाओं से प्रतिकृत हुई है बल्कि इस अर्थ में भी कि वह कठिन से कठिन और अँधेरे से अँधेरे समय में निजी ज़िम्मेदारी की आत्मीय, भले कई बार टिमटिमाती, रोशनी से दीप्त होती रही है। वह सामाजिक है क्योंकि वह अचूक रूप से नैतिक है।

4

हमने ये अनुवाद (मूलतः अंग्रेज़ी में लिखी एक कविता को छोड़कर) मूल पोलिश से मिलजुल कर किये हैं। मुझे पोलिश भाषा नहीं आती

है लेकिन क्राकूव की हिन्दी विदुषी डॉ. रेनाता चेकाल्स्का पोलिश के अलावा हिन्दी अच्छी तरह जानती हैं। इस अनुवाद में हमने स्वयं मीलोष द्वारा अधिकृत उनकी कविताओं के अंग्रेज़ी अनुवादों का सहारा नहीं लिया है। मुख्य कारण यह था कि डॉ. चेकाल्स्का के अनुसार अंग्रेज़ी अनुवाद में कई बार कुछ पंक्तियाँ, कुछ बिम्ब आदि छोड़ दिये गये हैं और जब-तब किसी उक्ति या बिम्ब की सघनता विस्फीति द्वारा नष्ट हो गयी है। मूल पोलिश कविता के रूपाकारों को हिन्दी में लाने की कोशिश भी हमने नहीं की है लेकिन पंक्तियों की संख्या प्रयत्न कर उतनी ही रखी है जितनी मूल में है।

चेस्लाव मीलोष निबन्धकार और उपन्यासकार भी हैं। उन्होंने पोलिश कविता के अलावा विश्व कविता के संचयनों का भी सम्पादन किया है। उन्होंने आत्मवृत्तान्त और संस्मरण लिखे हैं, अंग्रेज़ी में पोलिश कविता से लेकर कबीर तक का अनुवाद भी किया है। उनके आखिरी कविता संग्रह का शीर्षक है 'दूसरा स्थान'। यह कहना अतिशयोक्ति न होगी क्रूरताओं, संहार और हिंसा, विचारधाराओं के अतिचार के समय में कविता को स्वयं दूसरी जगह बनाने की कोशिश की है : ऐसी जगह जहाँ से कविता का अपना 'विज़डम', अपना आत्यन्तिक विवेक, अपना नैतिक बोध उसे ऊर्जस्वित करते हैं।

मूल पोलिश में कविनाम चेस्लाव मीवोष है लेकिन चूँकि अंग्रेज़ी में वह चेस्लाव मीलोष की तरह उच्चरित होकर रूढ़ हो गया है, कवि का आग्रह है कि उसे हिन्दी में भी वैसा ही रखा जाये। मुझे इस बात की खुशी है कि अब मीलोष की कविता हिन्दी में घर-बस जाएगी। उसके खुले घर में हमारी आवाजाही शायद कुछ आसान हो जाएगी।

यह अवसर मेरे लिए इसलिए भी अनूठा है कि इस बहाने मुझे एक कवि के अन्तरलोक में बहुत दिनों तक विचरने और बसने का दुर्लभ सौभाग्य मिला। इस कार्य के बाद मुझे लगता है कि कविता और काव्य-कौशल की मेरी समझ में कुछ इज़ाफ़ा ज़रूर हुआ है जिसके लिए मन में गहरी कृतज्ञता है।

अशोक वाजपेयी

अनुक्रम

एक कहानी

एक फ़ौज-शासित देश के बीचोंबीच, एक शहर में जिसकी सड़कों पर
राष्ट्रवादी अभियान की चीखें फुसफुसा रही थीं, एक युवक
शोध कर रहा था रूप के तत्त्व पर, उसके मूल
और अस्तित्व पर।
वह चाहता था उसके लिए उपयोग करना पाँचों इन्द्रियों का
लेकिन उसका शासन सिर्फ़ नींदभर चला। सुबह के साथ वह
ख़त्म हो गया।
रॉकेट फूटे गरज के साथ आकाश की पृष्ठभूमि में।
एक दीवार ढाँचों के ढेर-सी स्पन्दित गुलबियाती रही राष्ट्रपति के
नाम के दिनों पर।
वर्ष, स्त्रियों की विभिन्न जातियों द्वारा नापे, बीत गये।
समय-समय पर सड़कों पर
पैरों-तले अतीत गिरता रहता था, उछलता हुआ काटी गयी
मछली की तरह।
रहस्यालोक में जीवित देह और सचल की गयी धातु द्वारा रचित
बिम्बमाला को
देखने के लिए
अपनी आँख को कनखियाना चाहिए,
चीज़ों को उनके बाहर से देखना चाहिए
एक तत्त्व एक प्रसन्न राजगीर का चेहरा भी बन सकता है,
पर ज़्यादा सुरक्षित होगा कुछ अलग, मानवीय जीवन से कुछ कम
जुड़ा हुआ।
आकाश सुबह विदीर्ण हो रहा था, सूर्य के मांस को निर्लज्ज

अनावृत्त करते हुए।
पृथ्वी, सुरंगों से ढँकी हुई, पहली रेलगाड़ियों के कम्पन से बेचैन,
फुफकार रही थी।
प्रार्थना, एक अज्ञात भाप, अधिकतर उगलती थी
एक प्रयोगशाला के कोनों से, एक देह के सन्तुलन में छिपी हुई।
एक दिन हवा ने देश के झण्डे को चिथड़े-चिथड़े कर डाला।
अगली सुबह चौकों पर सर्वहारा गा रहे थे,
कभी कहीं झलक
एक अकेली धाँय।
रूप का शोधकर्ता अपने घर की सँकरी सीढ़ियों पर
घुटे हुए गले के साथ पड़ा था। एक ललपीला मुर्ग़,
सुनहरा अर्द्धचन्द्राकार पिण्ड,
भर्रायी आवाज़ में बाँग दे रहा था उसके सिर के ऊपर फड़फड़ाते हुए।

1932

यह जो मैं लिखता रहता था

यह, जो मैं लिखता रहता था अचानक लगा
हास्यास्पद था। मैं शब्द नहीं पा सका।
मैंने संसार को देखा, विशालकाय, स्पन्दित,
पत्थर के जंगले पर अपनी कुहनियाँ टिकाये हुए।
नदियाँ बहती रहीं, पाल बादल को चीरता रहा,
सूर्यास्त गश खा गये। सभी सुन्दर देश,
सब प्राणी, जिनकी मैं चाहत करता था,
विशाल चन्द्रमाओं की तरह आकाश पर ऊँचे उठ गये।
इन विचित्र सचल दीपकों पर टकटकी बाँध कर,
उनके खगोल चापों को गिनता हुआ,
मैं बुदबुदाया : संसार, नष्ट जो जाओ, दया करो, मैं डूब रहा हूँ।
कोई भाषा पर्याप्त नहीं होगी सुन्दरता व्यक्त करने में।
मैंने अपने अन्दर देखी फैलती हुई घाटियाँ
और मेरे पाँव काँसे के पंख लगाये
मैं उनके ऊपर चल सका था हवा में गेंड़ी लगाये हुए।
पर यह बुझ रहा था, याद न की गयी रात।

पैरिस, 1934

स्तुति-गीत

कोई नहीं है तुम्हारे और मेरे बीच।
कोई पौधा नहीं धरती की गहराइयों से रसायन लेता हुआ,
न कोई जानवर, न कोई आदमी,
न ही हवा बादलों के बीच भटकती हुई।

सबसे सुन्दर शरीर काँच की तरह पारदर्शी होते हैं
सबसे सशक्त शिखाएँ पानी की तरह, यात्रियों के थके
पाँव धोती हुईं।
सबसे हरे वृक्ष सीसे की तरह पुष्पित होते हैं आधी रात को।
प्रेम रेत है सूखे ओठों से निगली गयी।
घृणा एक खारा लोटा जो उसे दिया गया जो प्यासा है।
बहती चलो, नदियो; अपने हाथ उठाये हुए रखो
राजधानियो! मैं, काली धरती का वफ़ादार बेटा,
काली धरती लौटाऊँगा
मानो कि जीवन का अस्तित्व नहीं था
मानो कि गीत और शब्द रचे गये थे
मेरे हृदय द्वारा नहीं, मेरे रक्त द्वारा नहीं,
मेरे टिके रहने द्वारा नहीं,
बल्कि एक अनजान आवाज़ द्वारा, अशरीरी,
सिर्फ़ लहरों की धमनियाँ, सिर्फ़ हवाओं के वृन्द, सिर्फ़ ऊँचे वृक्षों का
शरदकालीन डोलना।
कोई नहीं है तुम्हारे और मेरे बीच,
और मुझे शक्ति दी गयी थी।
सफ़ेद पहाड़ धरती के मैदानों से पोषण पाते हैं,

समुद्र की ओर वे जा रहे हैं, अपनी सैरगाह की ओर,
सूर्य झुकते हुए हर बार नये
एक छोटी अँधेरी नदी की घाटी के ऊपर, जहाँ मैं पैदा हुआ।
मेरे पास न विवेक है, न हुनर, न आस्था,
लेकिन मुझे शक्ति मिली है जो दुनिया को चीर डालती है।
मैं, एक भारी लहर, उसके तटों पर अपने को चकनाचूर कर दूँगा
और मैं विदा लूँगा, अनन्त पानियों की जगह पर लौटूँगा,
और एक युवा लहर अपने फेन से मेरे पाँव ढँक देगी। ओ अँधेरे!
उषा की पहली चमक से रंजित,
टुकड़े-टुकड़े चीर दिये गये किसी पशु से निकाले फेफड़े की तरह
तुम डोलते हो, तुम छलाँग लगाते हो।
कितनी बार मैं तुम्हारे साथ तैरा था
आधी रात को रोका गया,
तुम्हारे भयभीत चर्च के ऊपर कोई आवाज़ सुनता हुआ,
काले तीतर की चीख़, झाड़ी-फूलों की आहट तुम्हारे भीतर फैल रही थी
और मेज़ पर दो सेब रोशनी दे रहे थे
या खुली कैंची चमक रही थी–
–और हम समान थे :
सेब, कैंची, अँधेरा और मैं–
नीचे उसी अचल,
असीरियन, मिस्री और रोमन
चन्द्रमा के।

झरने मुड़ते हैं, स्त्री-पुरुष मैथुन करते हैं,
अधसोये बच्चे अपने हाथों से दीवारें महसूस करते हैं,
थूक से गीली एक उँगली से वे अँधेरे देश खींचते हैं,
रूप मुड़ते हैं, जो अपराजित लगता था अलग गिरता है।

लेकिन समुद्रतल से उभरते देशों के बीच,
अँधेरी सड़कों के बीच, जिनकी जगह पर
एक पतित ग्रह से बनाये गये पहाड़ उठेंगे,
सब कुछ के विरुद्ध, जो कुछ भी होगा उसके विरुद्ध,

यौवन अपने को बचाएगा, उसकी धूपीली धूल की तरह साफ़,
न अच्छे, न बुरे को प्यार करने वाला,
तुम्हारे विशाल पाँव के नीचे फैला हुआ,
ताकि तुम उसे मसल सको, ताकि तुम उस पर चल सको,
ताकि तुम अपनी साँस से पहिया चला सको,
जिसकी गति से एक धुँधली इमारत काँपेगी,
ताकि तुम उसे भूख दे सको और दूसरों को नमक, शराब और रोटी।

कुछ भी मुझे तुमसे अलग नहीं करता।

अगर मैं सैनिक हूँ, तुम हैल्मेट पर एक पंख हो,
एक गोली, आग की एक गेंद, और जब कोई तुम्हें चलाता है
तुम देते हो वह जिसका कि हर जीवित प्राणी पात्र है।

अगर मैं किसान हूँ, तुम मेरे हाथों से नष्ट करने
का काम करते हो
उन घासों को जो परती ज़मीनों पर फैली हैं और तुम दलदल सुखाते हो
जब कि फ़सलें उगें और प्यासे राष्ट्रों के लिए वोद्का
विनम्र गलों में रिसती सूजी की तरह।

उसके लिए जो सत्ता के सपने देखता है, तुम एक काले परदे की तरह
अपने को नीचे फैला लेते हो, लोगों के मकानों को ढाँपते हुए।
कुहरे में शासन अपने काँसे के पैर पटकता है
और चिनगारियाँ निकलती हैं जैसे लोहे से
और गायक-मण्डली सांसद की प्रशंसा में दहाड़ती है
प्रलय का मण्डल हमें घेरेगा उससे पहले।

अभी तक हार्न नहीं बजाया गया है
घाटियों में बिखरे और पड़े हुओं को पुकारते हुए।
आख़िरी गाड़ी का पहिया अभी जम गये कीचड़ पर धड़धड़ाता नहीं है।
मेरे और तुम्हारे बीच कोई नहीं है।

पैरिस, 1935

सिर

जंगल के सिरे पर एक आदमी रुका
और उसके तीन सिर थे। दो कन्धों पर
टिकी थीं गर्दनें अच्छे सिर और बुरे सिर की।
बीच में चेहरा गँदला था
और वह चुप था, तिकोने दीपाधार की तरह रोशन।

आदमी रेत पर नाम लिख रहा था।
तब बुरा सिर बुदबुदाया : ओ अशुद्ध,
जिसका हृदय सूख गया है, तुम किसी से प्यार नहीं करते।
और अच्छे सिर ने आँखें घुमायीं :
—ओह, कौन-सा प्यार ढोता है शुद्धतर बोझ
उस व्यथा से कि प्यार नहीं किया काफ़ी।

आमुख

तुम जिसे मैं बचा नहीं पाया,
मेरी बात सुनो।
यह सीधा वक्तव्य समझो क्योंकि मुझे दूसरी तरह से कहने में
शर्म आती है।
मैं क़सम खाता हूँ कि मुझमें कोई बाज़ीगरी नहीं है शब्दों की।
मैं तुमसे कहता हूँ, एक बादल या एक वृक्ष की तरह।

जो मुझे शक्ति देता था, तुम्हारे लिए घातक था।
एक युग को विदा, तुम समझे एक नया युगारम्भ,
घृणा की प्रेरणा को ललित सुन्दरता,
अन्धी शक्ति को मुकम्मल आकार।

यहाँ एक घाटी है उथली पोलिश नदियों की। और एक विराट पुल
सफ़ेद कुहरे में जाता हुआ। यहाँ एक बरबाद शहर
और हवा तुम्हारी कब्र पर बिखेरती है समुद्री पक्षियों की चीखें,
जब मैं तुमसे बात कर रहा हूँ।

वह कविता क्या है जो नहीं बचाती
देशों या लोगों को?
सरकारी झूठों में साझा,
पियक्कड़ों का गीत
जिनके गले पल भर बाद क़लम कर दिये जाएँगे,
कुँवारी लड़की के कमरे में किये गये पाठ।

यह कि मैं चाहता था अच्छी कविता, बिना जाने कैसे,
यह कि मुझे देर से उसका बचाने वाला लक्ष्य समझ में आया
यह और सिर्फ़ यही मुक्ति है।

बाजरा और खसखस कब्रों पर बिखेरे जाते थे
मृतकों के लिए जो एकत्र होते थे – पक्षी।
मैं यह पुस्तक यहाँ रखता हूँ तुम्हारे लिए, तुम ओ प्राचीन
और आगे से हमारे पास कभी नहीं आओगे।

वार्षावा, 1945

मुठभेड़

हम भोर से पहले बर्फ़-जमे खेतों में से गुज़र रहे थे,
एक लाल पंख उग रहा था, रात भी।

एक ख़रगोश अचानक हमारे सामने भागा,
और हममें से एक ने हाथ से उसकी ओर इशारा किया।

यह बहुत समय पहले था। आज वे जीवित नहीं हैं
न ख़रगोश, न वह जिसने उसे दिखाया था।

प्यार मेरे, कहाँ हैं, कहाँ जा रहे हैं
एक हाथ की चमक, दौड़ने की लकीर, बर्फ़-जमे कीचड़ की कड़कन–
मैं दुखपूर्वक नहीं विचारपूर्वक पूछता हूँ।

विल्नो, 1937

काम्पो दि फ़्योरी

रोम में काम्पो दि फ़्योरी पर
जैतून और नीबू की टोकरियाँ
अंगूरी छिड़की हुई बटियाँ
फूलों की किरचें।
गुलाबी समुद्री खाद्य
बेचने वाले मेज़ों पर डालते हैं
मुट्ठी भर काले अंगूर
जो गिरते हैं आडुओं के रोओं पर।

यहाँ इसी चौक पर
ज्योर्दानो ब्रूनो जलाया गया था,
जल्लाद ने चिता की आग जलायी
जिज्ञासु भीड़ से घिरे हुए।
और जैसे ही लपटें शान्त हुईं
मधुशालाएँ फिर से खचाखच भरी हुईं
जैतून और नीबू की टोकरियाँ
बेचने वाले अपने सिरों पर लिये हुए।

मैंने याद किया काम्पो दि फ़्योरी को
वार्षावा में चरख़ हिण्डोला के बग़ल में,
एक सुखद वसन्ती शाम को
ज़िन्दादिल संगीत की धुनें सुनते हुए।
यहूदी बस्ती की दीवार के ऊपर धमाके

ज़िन्दादिल धुन द्वारा सुन्न किये गये
और जोड़े उड़े
ऊपर साफ़ आकाश में।

जब-तब जलते मकानों से हवा
ले आयी काली पतंगे,
उन्होंने हवा में चिनगारियाँ लोक लीं
जो चरख़ हिण्डोला पर सवार थे।
लड़कियों की फ्रॉकें खोल दीं
जलते मकानों की इस हवा ने,
मनमौज़ी भीड़ें हँसती रहीं
एक सुन्दर इतवार को वार्षावा के।

कोई पढ़ सकता है इसमें एक सीख
कि वार्षावा या रोम के लोग
सौदा-सुलुफ़ करते, खेलते, प्रेम करते हैं
शहीदों की चिताओं के बग़ल से गुज़रते हुए।
कोई और सीख पढ़ेगा
मानवीय मुद्दों की क्षणभंगुरता के बारे,
भूलने के बारे में जो बढ़ता है
इससे पहले कि लपट शान्त हो।

हालाँकि तब मैंने सोचा था
उनके अकेलेपन के बारे में जो मरते हैं।
इस तथ्य के बारे में, कि जब ज्योर्दानो
तख़्ते पर चढ़ा था,
उसे मानवीय भाषा में नहीं मिला
एक भी शब्द
मानवता को अलविदा कहने के लिए

मानवता को, जो बची रहती है।

पहले ही वे शराब पीने भाग रहे थे,
सफ़ेद तारामीन बेचने,
जैतून और नीबू की टोकरियाँ
वे ले जा रहे थे शोर-मचाती भीड़ में।
और वह पहले ही उनसे दूर हो गया था,
जैसे सदियाँ बीत जाएँगी
और उन्होंने एक पल के लिए प्रतीक्षा की
आग में उसके कूदने की।

और वे जो मरते हैं और जो अकेले हैं
संसार के लिए पहले वे विस्मृत,
हमारी भाषा उनके लिए अजनबी हो गयी
एक पुराने ग्रह की भाषा की तरह।
फिर जब सब कुछ एक क़िस्सा बन जाएगा
और फिर कई बरसों बाद
नयी काम्पो दि फ़्योरी पर
विरोध सुलगाएगा एक कवि का एक शब्द।

वार्षावा : ईस्टर 1943

खसखस की कथा

खसखस के एक दाने पर एक छोटा सा घर खड़ा है,
नन्हे कुत्ते भौंकते हैं खसखस – चन्द्रमा पर
और अब तक कभी भी उन खसखस – कुत्तों को नहीं
सूझा कि एक और बड़ी दुनिया है।

पृथ्वी एक दाना है – सच में उससे ज़्यादा नहीं,
दूसरे दाने हैं – ग्रह और नक्षत्र।
और अगर वे लाख हैं तो भी
हरेक पर एक छोटा घर बगीचे के साथ रखा जा सकता है।

सब कुछ पोस्ते के अन्दर। खसखस बढ़ती है बगीचे में,
बच्चे आसपास दौड़ते हैं, खसखस झूमती है।
और शाम में जब चन्द्रमा उगता है
कुत्ते भौंकते हैं कहीं, कभी ज़ोर से, कभी धीमे।

'संसार' शीर्षक लम्बी कविता का एक अंश– वार्षावा 1943

विश्वास

विश्वास मौजूद होता है जब कोई देखता है
पानी पर पत्ती या ओस की बूँद
और जानता है कि वे हैं — क्योंकि वे ज़रूरी हैं।
अगर किसी की आँखें बन्द हों और वह सपने देख रहा हो
तो भी दुनिया में वही रहेगा जो पहले था,
और नदी के पानी ले जाएँगे पत्ती को बहाकर।

विश्वास तब भी होता है जब कोई चोट पहुँचाता है
अपने पाँव को किसी चट्टान से और जानता है कि चट्टानें
होती हैं हमारे पाँवों को चोट पहुँचाने के लिए।
देखो, कैसे वृक्ष डालता है लम्बी छायाएँ,
और हमारी और फूलों की छाया गिरती है धरती पर :
जिसकी छाया नहीं उसमें होने की शक्ति भी नहीं।

'संसार' शीर्षक लम्बी कविता का एक अंश— वार्षावा 1943

आशा

आशा तब होती है जब कोई मानता है,
कि धरती एक सपना नहीं बल्कि जीवित देह है,
और कि दृष्टि, स्पर्श और श्रवण झूठ नहीं बोलते हैं।
वे सब चीज़ें जो यहाँ मेरी परिचित हैं,
उस बगीचे की तरह जिसके गेट पर आप हों।

अन्दर जाने की अनुमति नहीं है। पर निश्चय ही वह है।
अगर सावधानी और अच्छे ढंग से देखें,
तो नया फूल और एक से अधिक तारा नहीं
हम देख सकते हैं कहीं इस बगीचे में दुनिया के।

कुछ लोग कहते हैं कि आँखें हमें धोखा देती हैं
और कुछ भी दरअसल नहीं है, सिर्फ़ आभास है,
पर ये वे हैं जिन्हें कोई आशा नहीं है।
वे सोचते हैं कि जब कोई पलटता है,
उसके पीछे की सारी दुनिया ग़ायब हो जाती है,
जैसे कि वह किन्हीं चोरों के हाथों हथिया ली गयी हो।

'संसार' शीर्षक लम्बी कविता का एक अंश— वार्सावा. 1943

प्रेम

प्रेम का मतलब है एक-दूसरे को देखना,
मानो कि कोई देख रहा हो कुछ विचित्र,
क्योंकि तुम कई चीज़ों में से एक हो।
और जो भी देखता है उस तरह वह भले न जाने,
अपने हृदय को कई दुखों से मुक्त कर लेता है,
एक चिड़िया और एक वृक्ष उससे कहते हैं : मित्र।

तब वह चाहता है अपना और चीज़ों का उपयोग करना,
ताकि वे खड़े हो सकें परिपक्वता के उजाले में।
फ़र्क नहीं पड़ता कि वह नहीं जानता कि किसकी चाकरी :
जो समझता है वह ज़रूरी नहीं कि सबसे अच्छा चाकर हो।

'संसार' शीर्षक लम्बी कविता का एक अंश– वार्षावा 1943

सूर्य

सब रंग आते हैं सूर्य से। लेकिन उसका अलग
कोई रंग नहीं है क्योंकि सब उसमें समाये हैं।
और सारी पृथ्वी एक लम्बी कविता की तरह है,
जबकि उसके ऊपर सूर्य प्रतिनिधि है कलाकार का।

जो भी संसार को रंग-बिरंगा चित्रित करना चाहता है,
उसे सूर्य को कभी सीधे नहीं देखना चाहिए।
क्योंकि वह भूल जाएगा वे चीज़ें जो उसने कभी देखी थीं,
और आँखों में बचे रहेंगे जलते आँसू भर।

उसे झुकना चाहिए नीचे, घास की ओर चेहरा,
और देखना चाहिए एक किरण धरती को प्रतिबिम्बित करती हुई
वहाँ वह पाएगा हर चीज़ जिसे हम गँवा चुके हैं :
तारे और गुलाब और शामें और सुबहें।

'संसार' शीर्षक लम्बी कविता का एक अंश– वार्षावा 1943

विदा

मैं तुमसे बोलता हूँ बरसों की चुप्पी के बाद
मेरे बेटे। वेरोना बाक़ी नहीं।
अपनी उँगलियों से ईंटें चूर-चूर की हैं। यह बचता है
घर शहरों से बहुत प्यार का।

मैं बगीचे में तुम्हारी हँसी सुनता हूँ। और पागल वसन्त की
गन्ध छोटी भीगी पत्तियों से मेरे नजदीकतर आ रही है,
मेरे नजदीक, जो किसी बचाने वाली शक्ति में भरोसा न करते हुए,
दूसरों और अपने आप के बाद भी टिका हुआ है।

काश तुम्हें पता होता कि कैसा लगता है जब रात को
कोई अचानक जाग उठता और पूछता है
धड़कते दिल को सुनते हुए : तुम्हें और क्या चाहिए,
लालची? वसन्त, कोयल गा रही है।

बगीचे में बच्चों की हँसी। पहला विमल तारा
खुलता है पहाड़ियों के फेन पर जो खिली नहीं है
और फिर लौटता है मेरे ओठों पर एक हलका गान,
और मैं फिर युवा हूँ, जैसा कि एक समय था, वेरोना में।

ठुकराना। हर चीज़ को ठुकराना। यह वह नहीं है।
मैं न तो पुनर्जीवित करूँगा न वापस जाऊँगा।

सोओ, रोमियो और जूलिएट,
टूटे पंखों के तकिये पर
मैं नहीं उठाऊँगा राख में से तुम्हारे जुड़े हाथ।
उजाड़ कैथेड्रलों में घूमने दो एक बिल्ली को
जिसकी पुतली चमकेगी वेदी पर। एक उल्लू को
एक मृत तोरण पर बनाना चाहिए एक घोंसला।

तपती, सफ़ेद दोपहर में मलबे में एक साँप को
पीले फूलों वाली लम्बी घास पर धूप सेंकना चाहिए और सन्नाटे में
उसे अनावश्यक सोने के इर्दगिर्द एक चमकता घेरा लपेटना चाहिए।
वापस नहीं जाऊँगा। मैं जानना चाहता हूँ, क्या बचता है
ठुकराने के बाद वसन्त और प्रेम,
ठुकराने के बाद किरमिज़ी ओंठ,
जिनसे घुटनभरी रातों में बहती है
एक गर्म तरंग।

गीत और शराब की गन्ध ठुकराने के बाद,
क़समें और शिकायतें, और एक हीरा-रात,
और समुद्री चिड़ियों की चीख, जिनके पीछे चमक है
एक काले सूर्य की।

जीवन से, एक सेब से, जो एक दहकते चाकू से काटा गया है,
कौन सा बीज अपने को बचा सकता है।

मेरे बेटे, विश्वास करो, कुछ नहीं बचता।
सिर्फ़ वयस्क संघर्ष,
हाथ में भाग्य की लकीर,
सिर्फ़ संघर्ष,
और कुछ नहीं।

क्राकूव, 1945

कविता के प्रति

कविता, अगर मैंने गुनाह किया, उस आवाज़ को
जो मुझमें पैदा हुई तुम्हारी आवाज़ समझते हुए दर्द की आवाज़,
मानवीय आवाज़,
क्षमा करो, तुम जो गड्डमड्ड शिकायतों से इतनी अलग हो
जैसे एक समुद्री सफ़ेद तरंग मूँगिया दलदल से।

तुम, जो अभी पैदा न हुए घोड़े के नथुनों की
रूपरेखा हो,
एक सेब का आकार और रंग, जो धूल में मिल गया,
एक अबाबील के पंखों की कौंध, जिसने छुआ टिबेरियस का सिर
अनन्त के एक बिन्दु पर,

समझाओ, 'तुम' कहने का क्या मतलब होता है
उन चीज़ों से जिनके पास होने के अलावा कोई भाषा नहीं
और जो होती हैं वहाँ जहाँ समय रुक जाता है, दूर, दूर,
मानवीय घृणा और मानवीय प्रेम से।

वार्षावा, 1942

जन्म

वह पहली बार देखता है उजाला।
संसार चमकीला उजाला है।
वह नहीं जानता कि चीख़ते हैं
चमकीले पक्षी।
उनके हृदय तेज़ी से धड़कते हैं
बड़ी-बड़ी पत्तियों के नीचे।
वह नहीं जानता कि पक्षी रहते हैं
मनुष्य से अलग समय में।
वह नहीं जानता कि वृक्ष रहता है
अलग समय में पक्षियों से
और वह धीरे-धीरे ऊपर बढ़ेगा
एक भूरा खम्भा रचते हुए,
जड़ों से सोचते हुए
धरती के अन्दर के राज्यों की चाँदी के बारे में।

वंश का अन्तिम, आता है
विशाल जादुई नृत्यों के बाद।
कुरंग के नृत्य के बाद,
पंखदार सर्पों के नृत्य के बाद,
अनन्त रूप से निरभ्र आकाश के नीचे
ईंटों की ललाई लिये घाटी में।

आता है भड़कीली चर्म-मेखलाओं पर

एक दैत्य के सिर वाले कवच पर
उन देवताओं के बाद जो भेजते हैं
नींद रँगी पलक से।
उकेरे जहाजों के मोरचे के बाद
हवा द्वारा भुला दिये गये।

आता है तलवारों की कटकटाहट के बाद
और युद्ध के शंखनाद के,
भयावह समवेत चीख़ के बाद,
चकनाचूर ईंट की धूल पछियाते हुए
पंखों की फड़फड़ाहट के बाद
गरम चीनी मिट्टी के पात्रों के मज़ाक पर
हंसों के एक सरोवर के नृत्य के बाद
और भाफ़ के इंजन के बाद।

जहाँ भी वह क़दम रखता है, वहाँ हर जगह
टिका हुआ है रेत पर मुद्रित
एक पदचिह्न एक चौड़े अँगूठे वाले पैर का
और वह माँगता है कि मैं नाचूँ
अपने बचपन के पैर को
जो आता है अक्षत वनों से।

जहाँ भी वह जाता है, वहाँ हर कहीं
सभी ज़मीनी चीज़ों पर
गरम और आदम हाथों से
धूमिल पड़ गया रोग़न।
वह कभी धोखा नहीं देगा,
हमेशा के लिए उसके साथ रहेगा
एक उपस्थिति, साँस की तरह आत्मीय,
उसकी एकमात्र सम्पत्ति।

वाशिंगटन डी.सी., 1948

एशिया के बारे में एक विचार

मैं देखता हूँ एक दुबला-पतला आदमी, उसके नितम्ब ढँके हुए
सूखी घास के गुच्छे से। एक सौम्य स्त्री
सुडौल गेरुई स्तनों वाली। एक नंगा बच्चा
खेलता हुआ सड़कों की लाल धूल में। उनके ऊपर
रेंगती बाँहें एक देवता की और हवा के दैत्य की
चार तत्त्वों के दैत्य
अपने दुष्ट चेहरे छुपाते हैं। मैं एक आवाज़ सुनता हूँ
पुरानी चट्टानों के अन्तरंग की, आवाज़ साबुन के एक बुलबुले की,
मानवीय लक्ष्यों की व्यर्थता की आवाज़, एक प्रतिध्वनि
लक्ष्यहीन, एक हँसी
जिसे हँसता कुछ नहीं। एक आदमी रखता है
अपना हाथ एक स्त्री के स्तनों पर, एक बच्चा पैदा होता है,
एक परिवार
लकड़ी हुई मिट्टी में खोजता है बीज सूखे के दिन में
और एक मानवीय कीड़ा सूखता है और बिखर जाते हैं
उलझे हुए, जंग के रंग के पैर मरे हुए टिड्डों के
और एक चील चक्कर लगाती है तपती गरमी में बिना बादलों के
और पुरानी चट्टानों की आवाज़ खिल्ली उड़ाती है
आदमी की, उसके देवताओं और दैत्यों की।
मैं उन चीज़ों के बारे में सोचता हूँ जो शक्ति देती हैं
व्यर्थ समय के ख़ाली ज्ञान से लड़ने की,

हृदय में रक्ततप्त तार के बारे में, उस फ़ैसले के बारे में
जिससे कोई नहीं छूटेगा, न कोई बच पाएगा।
मैं सब पुरुषों और स्त्रियों के बारे में सोचता हूँ
जो अपने अन्दर पुरानी चट्टानों की हँसी पर विजय पाते हैं।

वाशिंगटन डी.सी., 1949

तुम

तुम जिसने एक सीधे-सादे आदमी को घायल किया,
उसके दुख पर ठहाका लगाते हुए,
और अपने चारों ओर जमा की मसख़रों की जमात
लकीर धुँधली करके अच्छे-बुरे को मिलाते हुए,

अगर हर कोई तुम्हारे सामने झुकता गया,
घोषित करते कि तुम्हारे पास सद्गुण और विवेक है,
तुम्हारे सम्मान में सोने के तमग़े ढालते हुए
खुशी मनाते एक दिन और जीवित रह जाने की,

सुरक्षित मत महसूस करो। कवि याद करता है।
तुम उसे मार डालो—एक नया पैदा हो जाएगा।
कारनामे और बातचीत दर्ज़ रहेगी।

बेहतर तुम्हारे लिए ठण्ड की एक सुबह
एक रस्सी, एक डाल बोझ से झुकी हुई।

वाशिंगटन डी. सी., 1950

विदा

नहीं, मैं निश्चय ही तुम्हें नहीं भूलूँगा।
और वार्षावा के ऊपर बादल मेरे हैं,
और पोलैण्ड देश के ऊपर आती-जाती बदलियाँ,
उनकी छाया जो मँडराती है दानों की धूल पर।

और अगर किसी पैमाने से, जिसे मैं नहीं जानता, नापा जाएगा
मेरे वयस्क वर्षों के कड़वे आँसुओं को,
विदेशी राष्ट्रों में यात्रा की हताशा को –
कोई एक पत्थर नहीं फेंकेगा।

नहीं, मैं निश्चय ही तुम्हें नहीं भूलूँगा।
जब सुबह भरपूर ओस होती है
घासों पर और विस्तुला नदी के किनारे की सड़कों की रेत
छाया की कतारों के पार गुलाबी चमकती है
मैं साथ जाना चाहूँगा और सपनों की धरती को
भविष्य की धरती को खँडहरों से बचाना
और अपने गीत से सहारा देना अपने भाइयों को
और यह खुशी है – अगर मैं कर भर पाऊँ।

अगर तुम जानना चाहोगे कि वह कैसे हुआ
कि मैं देश से भागा, जो कि मुझे प्यारा है,
मैंने यह किया – फ़र्ज़ करो कि हिम्मत हो
उन विचारों को शक़्ल देने की जिनके कोई मुखड़ा नहीं

और जिसे परवाह न हो सम्मोहनों और अपमानों की।

मैंने यह किया, क्योंकि यह मेरा काम नहीं है कि मैं
उनको महसूल चुकाऊँ जिनके हाथों में हैं पुलिस और सत्ता।
मुझे किसी को रपट नहीं देना है
अगर मैं अपने आप से कहूँ : यह एक ज़रूरत है।
और रोटी और प्रसिद्धि जो मुझे मिलती इस हुक्मबरदारी के लिए।
लेकिन एक दूसरी ही शक्ति मेरे अन्दर जीती।

और दुनिया के खिलाफ़ अकेले। नहीं, अकेले नहीं :
जहाँ रात की पाली से लौटते हैं कामगार
और बच्चे खेलते हैं गेंद एक उनींदी गली में
जहाँ रुपहले भोजवृक्षों के पीछे धुआँ निकलता है एक गाँव की
चिमनी से—
वे मेरे साथ हैं और मैं उनके साथ।

और अगर किसी पैमाने से, जिसे मैं नहीं जानता, नापा जाएगा
जीते गये लोगों के कड़वे आँसुओं को,
उनकी शान्त चीख़, इसलिए भयावह।
आकाशचुम्बी चमत्कारों के असंवेदनशील रचयिताओं में से
आज कोई एक भी जीवित न होगा।

नहीं, मैं निश्चय ही तुम्हें नहीं भूलूँगा
अगर मेरा हृदय फट नहीं गया।
मुझे नसीब नहीं था तुम्हारे साथ सुख से रह पाना
मैं राज़ी हुआ था ख़ालीपन में दाखिल होने इस भद्दे दरवाज़े से
क्योंकि मैं प्यार करता था
और काफ़ी शब्द नहीं थे, सुन्दरतापूर्वक सजाये हुए।

भूमिका

स्थानीय बोली को सरल रहने दो।
ताकि हर कोई, जो शब्द सुनता है
देख पाएगा सेब के वृक्ष, नदी, सड़क का मोड़,
वैसे ही जैसे देखे जा सकते हैं गरमियों की बिजली की कौंध में।

पर बोली बिम्ब नहीं हो सकती
कुछ और नहीं। सदियों से वह आकर्षित होती रही है
लय के दोल, सपने, गीत से।
अरक्षित वह पीछे छोड़ दी गयी है सूखी-तीख़ी दुनिया द्वारा।

आज कई पूछते हैं कि इसका क्या अर्थ है
यह शर्म, कविताओं की एक पुस्तक पढ़ते हुए,
जैसे कि लेखक, अस्पष्ट उद्देश्य से,
उसके अन्दर इस कुस्वभाव की ओर संकेत करेगा
विचार को ढकेलते हुए, विचार को बहकाते हुए।

चुटकुले, बेतुकेपन, व्यंग्य के मसाले से,
कविता अभी भी आकर्षक हो सकती है।
उसकी महानता की तब सराहना होती है।
लेकिन ये झगड़े, जहाँ ज़िन्दगी दाँव पर लगती है,
वे सब गद्य में होते हैं। हमेशा ऐसा नहीं था।
और अव्यक्त है अब तक पीड़ा।
वे काम आते हैं पर टिकते नहीं हैं, रूमान और भाष्य।
क्योंकि एक अच्छा छन्द भारी होता है
परिश्रम से भरपूर कई पृष्ठों के वज़न से।

मुटरीपन

वही और बिलकुल वही नहीं, मैं बलूत के जंगल से गुज़रा
चकित कि मेरी वाग्देवी ने
किसी तरह से मेरा अचम्भा घटाया नहीं है।
एक मुट्ठी चीत्कार कर रही थी और मैं कहता रहा : मुटरीपन,
मुटरीपन क्या है? एक मुट्ठी हृदय,
चोंच के ऊपर बालों वाला नथुना, एक उड़ान
जो नीचे आते हुए अपने को नया करती है
मैं कभी नहीं पा सकूँगा और मैं कभी नहीं समझ सकूँगा उसे।
अगर मुटरीपन का अस्तित्व नहीं है
मेरी प्रकृति का भी अस्तित्व नहीं है।
किसे पता था कि सदियों बाद
मैं आविष्कार करूँगा सवाल सार्वभौमों का।

माण्टगेरोन, 1958

उससे अधिक कुछ नहीं

कभी मुझे बखान कर सकना चाहिए कि कैसे बदली
मेरी राय कविता के बारे में, और यह कैसे हुआ
कि मैं आज अपने को समझता था
जापानी साम्राज्य के कई सौदागरों और कारीगरों में से एक,
जो रचते थे कविताएँ चेरी फूलों,
गुलदाऊदी की और पूर्ण चन्द्र के बारे में।

अगर सिर्फ़ मैं बखान कर सकता वेनिस की वेश्याओं का
जो आँगन में मोर को चिढ़ाती हैं टहनी से
और रेशमी वस्त्र से, मोतियों से बनी करधनी से
निकाले भारी स्तनों को
और त्वचा पर वस्त्र पहनने से बनी ललछौंही रेखा को,
कम से कम उस तरह जिस तरह से साफ़ देखा इन जहाजों
के कप्तान ने
जो सोने का माल ढोकर लाये थे उस सुबह;
और अगर मैं उसी वक़्त उनकी ग़रीब हड्डियों को
एक कब्रगाह में जिसके दरवाज़े मोटा समुद्र चाटता है
बन्द कर सकूँ एक शब्द में जो अधिक टिकाऊ है आख़िरी कंघी से
जो लकड़ी के बुरादे में दफ़्न एक सिल्ली के नीचे
अकेले, प्रतीक्षा करती है प्रकाश की

तब मुझे सन्देह नहीं होगा। अनिच्छुक पदार्थ से

क्या बटोरा जा सकता है? कुछ नहीं, अधिक से अधिक सौन्दर्य।
और तब, हमारे लिए काफ़ी होंगे चेरी के फूल
और गुलदाऊदी, और पूर्ण चन्द्र

माण्टगेरोन, 1957

जो पहले कभी महान था

जो पहले कभी महान था, अब छोटा लगता है।
राज्य चिमराते हुए बर्फ़-ढँके ताँबे की तरह।

जिसने पहले कभी घायल किया, अब नहीं करता।
आसमानी धरतियाँ घूमती जाती हैं चमकती हुई।

एक नदी के किनारे घास पर लेटे हुए,
जैसे बहुत बहुत पहले मैंने जाने दीं छाल से बनी डोंगियाँ।

माण्टगेरोन, 1959

चाहिए, नहीं चाहिए

आदमी को चन्द्रमा से प्यार नहीं करना चाहिए।
उसके हाथ में कुल्हाड़ी को वज़न नहीं गँवाना चाहिए।
उसके बगीचे में गँधाना चाहिए सड़ते सेबों को
और उसमें उगना चाहिए बिच्छू-बूटियाँ उचित मात्रा में।

आदमी को बात करते उन शब्दों का इस्तेमाल नहीं करना चाहिए
जो उसे प्रिय हैं
न ही उसे बीज को फोड़कर देखना चाहिए कि अन्दर क्या है।
न ही उसे फेंकना चाहिए रोटी का टुकड़ा, न ही आग में थूकना चाहिए
(कम से कम लिथुआनिया में मुझे यही सिखाया गया था)।
अगर वह संगमरमर की सीढ़ियों पर क़दम रखे
उस अभद्र को एक कटाव अपने जूतों से करना चाहिए
यह याद दिलाने के लिए कि सीढ़ियाँ हमेशा नहीं रहने वालीं।

बर्कले, 1961

नदियाँ और छोटी होती जाती हैं

नदियाँ और छोटी होती जाती हैं। शहर और छोटे। सुन्दर बाग़ीचे
दिखाते हैं जो हमने पहले नहीं देखा था,
चरमरायी पत्तियाँ और धूल।
जब मैं पहली बार झील के पार तैरा था,
वह मुझे विशाल लगी थी,
अब अगर मैं वहाँ खड़ा होऊँ, तो वह एक कटोरी लगेगी
हिमकालीन चट्टानों और एक जूनिपर झाड़ी के बीच।
हलीना गाँव के पास का जंगल मुझे आदिम लगता था,
हाल ही में मारे गये भालू की
गन्ध के साथ,
हालाँकि चीड़ के पेड़ों के बीच एक खेत नज़र आता था।
जो निजी था वह कुल नमूने का एक प्रकार भर बन जाता है।
सपने तक में अन्तःकरण अपने बुनियादी रंग बदल देता है।
नाक-नक़्श पिघल जाते हैं जैसे आग में मोम
का पुतला हों।
और कौन राज़ी होगा आईने में सिर्फ़ आदमी का चेहरा भर होने से?

बर्क्ले, 1963

वे वहाँ परदे रखेंगे

वे वहाँ परदे रखेंगे और हमारा जीवन
दिखाया जाएगा शुरू से आख़िर तक
जिसमें शामिल वह सब जिसे, लगता है, हम हमेशा के लिए
भुला चुके
और एक ज़माने की पोशाकें जो सिर्फ़ हास्यास्पद और दयनीय लगेंगी
अगर इसलिए नहीं कि हमने उन्हें पहना था,
बिना जाने कि इनसे अलग भी कोई थीं।
स्त्रियों और पुरुषों का रणक्षेत्र। बेकार है चिल्लाना : मैं उन्हें प्यार
करता था,
हरेक मुझे लगता था एक लालची बच्चे की तरह
दुलार चाहता हुआ,
मुझे पसन्द थे समुद्रतट, तरण पुष्कर और निदानगृह
क्योंकि वे वहाँ थे, मेरी अस्थि की अस्थि, मेरे मांस का मांस।
मैं उन पर और अपने पर तरस खाता था लेकिन इससे बचाव
नहीं हो सकेगा।
पूरे हैं एक शब्द और एक विचार, एक गिलास का फिर से रखा जाना,
एक सिर का मुड़ना, उँगलियाँ एक पोशाक खोलती हुईं, बेतुकापन,
धोख़ा देने वाली मुद्रा, बादलों पर सोच-विचार,
सुविधा के लिए हत्या : सिर्फ़ यह।
और तो क्या, कि वे विदा लेते हैं छनकाते हुए छोटे घुँघरू
टखनों पर, कि वे इतने धीमे प्रवेश करते हैं आग में
जिसने उन्हें और मुझे समा लिया? दाँतों से काटो अगर तुम्हारे

पास हैं उँगलियाँ

और फिर देखो क्या हुआ, शुरू से आख़िर तक।

बर्कले, 1964

जब चन्द्रमा

जब चन्द्रमा और स्त्रियाँ चलती हैं लच्छेदार पोशाक पहने हुए
मैं चकित होता हूँ उनकी आँखों से, भौंहों और संसार की सारी
व्यवस्था से।
मुझे लगता है कि ऐसा बड़ा परस्पर झुकाव
अन्ततः परिणत हो सकता है परम सत्य में।

बर्कले, 1996

खिड़की

मैंने खिड़की से बाहर देखा भोर में और एक युवा सेब का
वृक्ष था,
उज्ज्वलता से पारभासी।

और जब मैंने फिर देखा भोर में एक बार, एक बड़ा सेब का
वृक्ष खड़ा था
फलों से लदा हुआ।

शायद कई बरस बीत गये हैं और मुझे कुछ भी
याद नहीं है कि
नींद में क्या हुआ।

बर्कले, 1965

शब्द

मानो कि हवा में हकलाहट से,
शब्दों से जो कपट से उँड़ेल दिये गये, टन प्रति टन नापे गये,
कुछ छूट गया। लेकिन आवाज़ नष्ट करती है आवाज़ को
और खलबली में चुप्पी बस जाती है।
हमें नोट करना चाहिए कि उसमें अपने अन्दर उदासीनता जैसी
कोई चीज़ थी।
उसे पीना और बात करना पसन्द था, पर जब झूठा घमण्ड
करने वाली स्त्रियाँ
प्रकाशकों को कुछ न भेजने के लिए उसे फटकारती थीं, वह हँसता था।
वह इन तटों को तरजीह देता था क्योंकि आदिम उतावली
अपने में काफ़ी होती है और सील का भौंकना
वही है जो है। जीवन मृत्यु थोपता है,
ज्वार-भाटा फेन में विघटित हो जाता है। बहुत थोड़े भ्रम।
वह ऐसा था जैसे एक दूर, बहुत दूर देश में
उसके बचपन के, जब वह नहीं जानता था
कि कुछ अपने आप को ही बचाना चाहते थे
रात-दर-रात, मोमबत्ती की रोशनी के पास, शब्द में शब्द जोड़ते हुए।

बर्कले, 1964

काव्यकला?

मैं हमेशा एक अधिक खुला शिल्प चाहता था,
जो न ज़्यादा काव्य होगा, न ज़्यादा गद्य
और जो संप्रेषण होने देगा किसी को वेध्य बनाये बिना
न लेखक को, न पाठक को, उच्च कोटि की पीड़ाओं के लिए।

काव्य-तत्त्व में ही कुछ अशोभन होता है :
एक चीज़, जिसके बारे में हम नहीं जानते कि वह हममें है,
हममें उपजती है,
हम अपनी आँखें मिचकाते हैं, मानो कि हममें से
एक शेर कूद गया हो
और खड़ा हो रोशनी में, अपनी बगलों को पूँछ से फटकारता हुआ।

इसलिए यह कहना सही है कि कोई अज्ञात शक्ति काव्य
लिखवाता है,
हालाँकि यह कहना अतिशयोक्ति होगी कि वह निश्चय ही देवदूत है।
यह समझना कठिन है कि कवियों का अभिमान कहाँ से आता है
जबकि अगर उसकी कोई कमज़ोरी दिख जाये तो वे शर्मिन्दा होते हैं।

कौन समझदार आदमी दैत्यों का एक देश होना चाहेगा
जो उसके अन्दर ऐसे शासन करते हैं जैसे वह उनका क्षेत्र हो,
जो कई भाषाएँ बोलते हैं,
और इस तरह कि जैसे उसके ओठ और हाथ चुराना काफ़ी न हो
वे अपनी सुविधा के लिए उसकी नियति बदलने की कोशिश करते हैं?

क्योंकि जो कुछ घिनौना है उसकी इन दिनों बहुत क़ीमत है,
कोई सोच सकता है, कि मैं मज़ाक कर रहा हूँ
या कि मैंने एक और तरीका गढ़ लिया
व्यंग्य का उपयोग कर कला की प्रशंसा करने का।

एक समय था जब सिर्फ़ समझदार पुस्तकें पढ़ी जाती थीं
जो दुख और दुर्भाग्य सहन करने में सहायक थीं।
लेकिन यह वैसा नहीं है जैसे कि एक हज़ार कृतियों का
सीधे उपजना मनोचिकित्सा-निदानशाला से।

आख़िरकार दुनिया अलग है उससे जो हमें लगता है
और हम अलग हैं अपने प्रलापों से।
इसलिए लोग बरतते हैं चुपचाप ईमानदारी,
और इस तरह रिश्तेदारों और पड़ोसियों का आदर अर्जित करते हैं।

काव्य का एक उपयोग यह है, कि वह हमें याद दिलाता है
कि कितना कठिन है वही व्यक्ति बने रहना,
क्योंकि हमारा घर खुला है, दरवाज़े में कोई चाबी नहीं,
और अदृश्य अतिथि अपनी मरजी से आते-जाते हैं।

जो मैं कह रहा हूँ, मानता हूँ, काव्य नहीं है
क्योंकि कविताएँ कम ही और झिझकते हुए लिखने दी जाती हैं,
असह्य लाचारी में और सिर्फ़ इस उम्मीद से,
कि मंगलकारी शक्तियाँ, अशुभ नहीं, हमारा औजार की तरह उपयोग करें।

बर्कले, 1968

मेरी वफ़ादार भाषा

मेरी वफ़ादार भाषा,
मैंने तुम्हारी सेवा की।
हर रात मैं खड़ा रहा तुम्हारे सामने कटोरियाँ रंग से भरी,
ताकि तुम्हारे पास हो एक भूर्जवृक्ष, एक टिड्डा और एक रोबिन पक्षी
मेरी स्मृति में सुरक्षित।

यह कई बरसों चला।
तुम मेरी मातृभूमि थीं क्योंकि और कोई नहीं थी।
मैंने सोचा था कि तुम सन्देशवाहक भी बन जाओगी
मेरे और अच्छे लोगों के बीच,
भले वे सिर्फ़ बीस, सिर्फ़ दस,
या कि अभी पैदा ही न हुए हों।

अब मैं नाउम्मीदी स्वीकार करता हूँ।
ऐसे क्षण होते हैं जब लगता है मैंने अपना जीवन बरबाद कर दिया।
क्योंकि तुम भाषा हो निम्नीकृतों की,
भाषा अविवेकियों की और उनकी जो घृणा करते हैं,
ज़्यादा अपने से बजाय दूसरे देशों से,
मुख़बिरों की भाषा,
पागलों की भाषा,
अपने ही भोलेपन से बीमार।

लेकिन तुम्हारे बिना मैं कौन हूँ।
एक शिक्षक भर किसी दूर देश में,
कामयाब, बिना डर और बेइज़्ज़तियों के।
हाँ, मैं तुम्हारे बिना कौन हूँ।
सबकी तरह एक दार्शनिक।

मैं जानता हूँ, यह माना जाता है कि यह मेरी शिक्षा-दीक्षा है :
व्यक्तित्व की महिमा का अपहरण,
एक नीतिपरक नाटक में एक पापी के लिए
महान महिमा एक लाल कालीन बिछाती है,
और उसी समय एक जादुई लालटेन
परदे पर बिम्ब फेंकती है मनुष्य और ईश्वर की यन्त्रणा के।

मेरी वफ़ादार भाषा,
शायद मुझे तुम्हें रिहा कराना है।
इसलिए मैं फिर भी खड़ा होऊँगा तुम्हारे सामने कटोरियाँ रंग से भरी
उजले और साफ़ अगर सम्भव हो,
क्योंकि दुर्भाग्य में ज़रूरत होती है कुछ व्यवस्था और सुन्दरता की।

बर्कले, 1968

राजा राव से

राजा, काश मुझे पता होता
उस बीमारी का कारण।

बरसों तक मैं स्वीकार नहीं कर सका
उस जगह को जहाँ मैं था।
मुझे लगता था मुझे कहीं और होना चाहिए।

एक शहर, वृक्षों, मानवीय आवाज़ों में
उपस्थिति की विशेषता नहीं थी।
मैं आगे चलने की उम्मीद में जीता रहा।

कहीं और सच्ची उपस्थितियों का एक शहर था,
सच्चे वृक्षों और आवाज़ों और मित्रता और प्रेम का।

जोड़ो, अगर तुम चाहो, मेरा विचित्र मामला
(शिज़ोफ्रेनिया की सरहद पर)
मसीही उम्मीद से
मेरी सभ्यता की।

बेचैन तानाशाही में, बेचैन गणतन्त्र में,
एक में मैं तरसता था आज़ादी के लिए, दूसरे में भ्रष्टाचार
के अन्त के लिए।

अपने दिमाग़ में रचता हुआ एक स्थायी तन्त्र
हमेशा के लिए लक्ष्यहीन हलचल से वंचित।

आख़िरकार मैं सीख गया कहना : यह मेरा घर है,
यहाँ, समुद्री सूर्यास्तों के चमकते
कोयलों के सामने,
समुद्रतट पर, जो तुम्हारे एशिया के तटों के आमने-सामने हैं,
एक महान गणतन्त्र में, मामूली भ्रष्ट।

राजा, इससे निदान नहीं हुआ
मेरे अपराध और शर्म का।
शर्म वह न हो पाने की विफलता की
जो मैं हो सकता था।
मेरी तस्वीर
दीवार पर दैत्याकार बढ़ती है
और उसके बरक़्स
मेरी दयनीय छाया।

इस तरह मैं यक़ीन करने लगा
मौलिक पाप में
जो कुछ और नहीं सिर्फ़ पहली
जीत है अहं की।

अपने अहंकार से त्रस्त, उसके द्वारा बहकाया
मैं देता हूँ, तुम देखो, एक बना-बनाया तर्क।
मैं सुनता हूँ तुम्हें यह कहते कि मुक्ति सम्भव है
और सुकराती विवेक
अभिन्न है तुम्हारे गुरु के विवेक से।
नहीं, राजा, मुझे शुरू करना चाहिए इससे कि मैं क्या हूँ।
मैं वे राक्षस हूँ जो मेरे सपनों में आते हैं

और मुझ पर प्रगट करते हैं मेरा गुप्त सार।

अगर मैं बीमार हूँ, इसका क़तई कोई सबूत नहीं
कि मनुष्य एक स्वस्थ प्राणी है।
ग्रीस को हारना पड़ा, उसकी शुद्ध चेतना को
हमारी व्यथा को और तीख़ा करना पड़ा था।

हमें ज़रूरत थी ईश्वर की, हमें अपनी कमज़ोरी में प्यार करते हुए
और स्वर्गसुख के प्रताप मे नहीं।

कोई सहायता नहीं, राजा, मेरा हिस्सा व्यथा है,
संघर्ष, अधःपतन, आत्मरति, और आत्मघृणा,
राज्य के लिए प्रार्थना,
और पास्कल का पाठ।

बर्क्ले, 1969

काम

डर से काँपते हुए मैं सोचता हूँ कि हो सकता है मैं
अपना जीवन पूरा करूँ
अगर सिर्फ़ मैं अपने को उकसा सकूँ सार्वजनिक आत्मस्वीकार करनें के लिए
कपट को ज़ाहिर करते हुए, अपने और अपने युग के :
हमें बोलने दिया गया था सिर्फ़ बौनों और दैत्यों की चीत्कारों के साथ
लेकिन पवित्र और उदात्त शब्द वर्जित थे
ऐसे सख़्त दण्ड की शर्त पर कि जैसे ही कोई उनमें से एक भी
कहने की हिम्मत करता
वह खुद अपने को पहले ही तबाह सोचने लगता।

बर्क्ले, 1970

मछली

चीख़ों, मदहोश बकवासों, भोंपुओं की किकियाहटों, तवों और ढोलों
के शोरगुल के बीच
सबसे बड़ा प्रतिवाद था संयम की समझ बनाये रखना।
लेकिन एक साधारण मानवीय आवाज़ अपना अधिकार खो रही थी
और मछलीघर की दीवार के पीछे एक मछली के मुँह खुलने
की तरह थी।
मैंने पाया जो मेरे लिए बदा था। तिस पर भी मैं सिर्फ़
एक आदमी था,
जिसका मतलब था कि मैंने भुगता अपनी तरह के प्राणियों को
निशाना बनाते हुए।

बर्कले, 1970

इस तरह नहीं

क्षमा करो। मैं एक रणनीतिज्ञ था उन बहुतों की तरह जो पंजों
के बल चलते हैं
रात को मानवीय बस्तियों के पास से।

मैंने हिसाब लगाया कि चौकीदार कहाँ खड़े होते हैं इसके पहले
कि मैं साहस जुटा सकूँ
बन्द सरहदों के पास जाने का।

ज़्यादा जानते हुए, मैंने स्वाँग रचा कि कम काफ़ी होगा,
उन लोगों की तरह नहीं
जो गवाही देते हैं।

गोलियों से उदासीन, घनी झाड़ियों में पछियाये जाने और
अपमानों से।

समझदार लोगों और सन्तों को लाने दो, मैंने सोचा,
उपहार सारी पृथ्वी के लिए
पर भाषा के लिए नहीं।

मैं नेकनामी बचाता हूँ क्योंकि भाषा मेरा माप है।

ग्रामीण, बचकानी भाषा, जो उदात्त को भावुक में
बदल देती है

और गायनवृन्द के प्रमुख की स्तुति का भजन छिन्न-भिन्न होता है,
बाक़ी बचता है
छोटा सा पद।

मेरी आवाज़ हमेशा अधूरी थी, मैं एक अलग तरह का कृतज्ञता-ज्ञापन
करना चाहूँ।

और उदारतापूर्वक, बिना किसी व्यंग्य के, वशीभूत का यह अभिमान।

सात सीमाओं से परे, भोर के तारे के नीचे,

अग्नि, जल और सब तत्त्वों की वाणी में

बर्कले, 1972

इतना थोड़ा

इतना थोड़ा कहा मैंने।
छोटे दिन।

छोटे दिन,
छोटी रातें,
छोटे वर्ष।

इतना थोड़ा कहा मैंने,
मैं सफल नहीं हो पाया।

मेरा हृदय उकता गया
प्रशंसा से,
निराशा,
निष्ठा,
आशा से।

तिमिंगल के जबड़े
मुझे दबोचने को थे।

मैं निर्वस्त्र लेटा था तटों पर
निर्जन द्वीपों के।
मुझे रसातल में ले गयी

संसार की सफ़ेद व्हेल।

और अब मैं नहीं जानता
क्या सच था।

बर्कले, 1969

एक जापानी कवि इस्सा (1762-1826) को पढ़ते हुए

अच्छा संसार : ओस
गिरती है एक बूँद
दो बूँदें।

भारतीय स्याही में कुछ पंक्तियाँ और यह होता है।
सफ़ेद धुन्ध का विशाल मौन,
पहाड़ियों में जागरण
हंस चीख़ते हैं
ढोंकली चरमराती है
झोंपड़ी की छत से बूँदें।

या कि यह दूसरा मकान।
अदृश्य समुद्र,
दोपहर तक धुन्ध,
सिकुआ शाखाओं से टपकती हुई सघन बरसात की तरह,
भनभनाते भोंपू नीचे खाड़ी में।

इतना कर सकती है कविता लेकिन इससे ज़्यादा नहीं।
क्योंकि यह मालूम नहीं है कि दरअसल वह कौन है जो बोलता है,
उसके स्नायु-बन्धन, हड्डियाँ क्या हैं,
त्वचा के रन्ध्र,

वह अपने को अन्दर से कैसा अनुभव करता है।
और अगर वह ष्लेम्बार्क गाँव है
जिसके बग़ल में भीगी घासों में हमें सैलामैण्डर मिले थे
चटख टेरेसा रोश्कोस्का की पोशाक की तरह,
या एक दूसरा महाद्वीप या दूसरे नाम।
कोटारबिन्स्की, ज़ावादा, एरिन, मेलानी :
इन लोगों में से कोई भी इस कविता में नहीं। वैसे ही जैसे
वह टिकी रहेगी
सिर्फ़ पास-पड़ोस और लोगों के ग़ायब होने से।

एक कोयल कूकती है
मेरे लिए, पहाड़ के लिए
बारी-बारी से।

पहाड़ी की पट्टी पर अपनी छोटी सी छत के नीचे बैठे हुए
सुनते हुए कैसे जलप्रपात हड़बड़ाता है पहाड़ी नदी की ओर
उसके सामने था वनाच्छादित पहाड़ी का लहरीलापन
सूर्यास्त के साथ, पहाड़ को छूता हुआ
और उसने सोचा : यह कैसे है कि कोयल का स्वर
हमेशा पहले यहाँ आता है या वहाँ
उसका नियत व्यवस्था में होना ज़रूरी नहीं।

कभी मत भूलो
हम नरक के ऊपर चलते हैं
फूलों को निहारते हुए।

जानना और न कहना :
इस तरह से भुलाया जाता है।
जो व्यक्त होता है सशक्त होता जाता है।
जो व्यक्त नहीं होता जाता है अनस्तित्व की ओर।
भाषा अपने से ही धोख़ा करती है स्पर्श-बोध के लिए

गरमाहट और कोमलता के द्वारा बनी रहती है मनुष्य जाति :
नन्हा ख़रगोश, रीछ का बच्चा और बिलौटा।

कुछ भी लेकिन पाला-मारी भोर में कँपकँपाहट नहीं,
आने वाले दिन का डर
और पहरेदार का चाबुक नहीं।
कुछ भी लेकिन सड़कों का जाड़ा नहीं,
सारी पृथ्वी पर कोई नहीं
दण्ड और अहसास
कुछ भी लेकिन

1978

वाक्य

बहिर्गमन
जब हम आये थे यहाँ सिर्फ़ एक बड़ा जंगल था,
उँगलियों की तरह सघन।

अन्तःकर्म
अगर तुम चाहो तो धरती तुम्हारे बाद युगों तक जीवित रहेगी।

निराशा का इलाज
बिजली से उपजी आग में जंगल ने मुझे शान्त किया।

मन्दिर
बियाबान में झुके हुए वे सराह रहे थे आकाश में शोभायात्रा।

बादलों से ढँका पर्वत
हिमगिरि हिरणों की बाधाओं को हाँकते हुए,
चढ़ते हुए।

नुस्खा
सीढ़ियाँ ऊपर चढ़ने से पहले अपने हाथ का खून धो डालो।

एक कलाकार की संहिता
अगर तुम्हारे काम से एक आदमी भी बच सके।

दर्शन का उद्गम
शरीर की गन्धों और स्रावों से हुई जुगुप्सा में
उन्होंने सुन्दर रेखाएँ खींचना सीखा।

एक आधुनिक कवि
नरक में बन्दी घोषित करता है कि नरक का अस्तित्व नहीं है।

ईमानदारी
मैं अपने सम्बन्धियों को कैसे प्यार करूँ अगर ये मारे जाने योग्य हैं?

ख़तरा
यह सोचना डरावना है कि मैं जो कुछ भी भूल गया उसे
याद दिलाया जाएगा।

प्रकृति
जब राक्षस मुझमें नाच रहे थे मैंने अपने को एक
देवदूत समझा।

चीख़
इस तरह की ज़िन्दगी मैं नहीं चाहता था, न ऐसे शासन में न
ऐसी धरती पर!

अचम्भे का एक कारण
किन तत्त्वों के शास्ता ने हमें जन्म की प्रशंसा करने
के गीत दिये?

बानी
ब्रह्माण्ड अर्थात् दुःख बेसिर पैर मुझमें
शैतानी बानी में।

मिन्नत
नक्षत्रों की चुप्पी से हमें बचाओ।

अगर
जब मैं भाग्य को कोसूँगा, तब मैं नहीं, मुझमें जो धरती है वह।

पाइथागोरस की नियमावली से
अपनी मातृभूमि छोड़ते समय पलटकर मत देखो
प्रतिशोध की देवी तुम्हारे पीछे।

परिकल्पना
अगर, उसने कहा, तुमने पोलिश में लिखा
अपने पापों का अपने को दण्ड देने के लिए, तुम्हारा उद्धार होगा।

व्यक्तिचित्र
उसने अपने को एक मीनार में बन्द किया, उसने प्राचीन लेखक पढ़े,
छज्जे पर चिड़ियों को दाना दिया
क्योंकि सिर्फ़ इसी तरह वह भुला सकता था खुद अपने आप को जानना।

सान्त्वना
अपने को शान्त करो। तुम्हारे पाप और अच्छे कर्म
विस्मृति ढँक लेगी।

एक कैलिफ़ोर्नियन कवयित्री आरलैण्डा ब्रूनोला से
तुम्हें कीर्ति मिले, तुम जो काँटों के राजा हो

गणतन्त्र, पूर्ण एक
सुबह से ही, ज्यों ही धूप छायाकार चिराबेलों से होकर
वहाँ पहुँचती है
वे चलते हैं पवित्र शब्द याद करते हुए : अस्ति।

बागीचे में शैतान
निश्चल देखती हुई शाखा, और ठण्डी और जीवित।

व्यवस्था
वंचित। और तुम्हें वंचित क्यों नहीं होना चाहिए?
तुमसे बेहतर वंचित रहे थे।

ईश्वरभीरु
तो आख़िरकार ईश्वर ने मेरा अनुरोध सुन लिया।
और मुझे अपनी महिमा के लिए पाप करने की अनुमति दी।

एक दवा
अगर अपनी त्वचा की गन्ध से पैदा जुगुप्सा न होती
मैं सोच सकता था कि मैं अच्छा आदमी हूँ।

उत्कण्ठा
यह इच्छा नहीं सीधे-सीधे नायकों का एक देवता बनने की
बल्कि अपने को एक वृक्ष में बदलने की, युगों तक बढ़ते रहने और किसी को हानि न पहुँचाने की।

पश्चगति
उनके घरों के खँडहरों में एक युवा जंगल पहले से ही
उग रहा है
भेड़िये वापस आ रहे हैं और रसभरी के झुरमुट में एक रीछ निरापद सो
रहा है।

सुबह
हम जागे ऐसी नींद से जो मुझे पता नहीं कितने हज़ार वर्ष चली
धूप में एक गरुड़ उड़ा लेकिन उसका वही आशय नहीं था।

चर्च का इतिहास
दो हज़ार वर्ष मैंने समझने की चेष्टा की कि वह कैसे हुआ।

काव्यदशा

आँखों के बजाय पीछे की ओर मुड़ा और दूरबीन, दुनिया पीछे हटती है और सब चीज़ें, लोग, वृक्ष, सड़कें छोटे हो जाते हैं लेकिन कुछ भी अपनी स्पष्टता नहीं खोता, सभी कुछ अधिक सघन हो जाता है।

पहले मेरे कविता लिखते समय ऐसे पल आते थे, इसलिए मैं जानता हूँ दूरी, निःस्वार्थ चिन्तन, ओढ़ना अपने पर एक 'मैं' जो है 'मैं नहीं', लेकिन अब हमेशा ही ऐसा है और मैं पूछता हूँ अपने आप से इसका क्या मतलब है, क्या मैं एक स्थायी काव्यदशा में पहुँच गया हूँ।

अतीत में जो कठिन चीज़ें कठिन थीं अब आसान हैं, लेकिन मुझे उत्कट आवश्यकता महसूस नहीं होती कि उन्हें लिख़कर व्यक्त करूँ।

सिर्फ़ अब मैं चंगा हूँ हालाँकि मैं बीमार था, क्योंकि मेरा समय सरपट दौड़ा और जो होगा उसके डर ने मुझे त्रस्त किया।

हर पल दुनिया का तमाशा मेरे लिए नये अचम्भे का है और इसलिए
इतना हास्यजनक, कि मैं नहीं समझ सकता
कैसे साहित्य उनसे निपटना चाह सकता होगा।

ऐन्द्रिय रूप से महसूस करते हुए, स्पर्श के द्वारा, हर पल मैं बस में करता हूँ दुर्भाग्य को और ईश्वर से आग्रह नहीं करता कि वह उसे दूर कर दे क्योंकि वह उसे मुझसे दूर क्यों करे जबकि वह दूसरों से उसे नहीं हटाता?

मैंने सपना देखा कि मैं अपने को पाता हूँ गहराई के ऊपर एक सँकरी पट्टी पर जिसमें देखी जा सकती थीं दैत्याकार समुद्री मछलियाँ तैरती हुई। मुझे डर लगा कि अगर मैंने देखा तो मैं गिर पड़ूँगा। इसलिए मैं पलटा मैं अपनी उँगलियों से कठोर चट्टान को सख़्ती से पकड़े था और धीरे-धीरे मैं समुद्र की ओर पीठ किये एक सुरक्षित जगह भाग आया।

मैं अधीर था और बेमतलब की चीज़ों पर वक़्त बरबाद करने से खीझा हुआ जिनमें मैंने शामिल किया सफ़ाई और
खाना बनाने को। अब मैं ध्यान देकर प्याज़ काटता हूँ, नीबू निचोड़ता हूँ, कई तरह की चटनियाँ तैयार करता हूँ।

1977

पोलिश साहित्य

पोलिश साहित्य एक अस्वाभाविक परियोजना है।
हताशा, ग़रीबी, उदासीनता वह अपनी ऊर्जा से पराजित करता है।
छुटभैये बदमाशों के साथ तुरन्त न्याय करना उसके कर्तव्यों में
शामिल नहीं है।

न ही वार्षिक शोक की पूजा-पद्धति में हिस्सेदार होना।
उसका ज़िम्मा अपमानित अभिमान को सान्त्वना देने
का नहीं है।
जब कोई उम्मीद न हो, वह बिना उम्मीद के काम चलाता है।
उसकी उत्कृष्टता तिरस्कार में नहीं, लेकिन उसका ज्ञान समय की
यवनिकाओं का है।

ज़िद करके वह अपनी ओर बढ़ता है, वह, जो अभी भी नहीं है।
वह हर बार अधिक सशक्त पैदा होता है क्योंकि वह असम्भव है।
ऊपरी ढाँचा होने के बजाय, वह नींव डालता है।
स्थितियों की क़ैद में, स्वतन्त्र, मुक्ति के वैभव को बढ़ाता हुआ।

भोर में

ओह किस क़दर ज़िद्दी। ओह, कैसे हमें ज़रूरत है ज़िद की।
सूर्योदय के पहले आकाश भर लेता है अपने को प्रकाश से।
इमारतें, पुल और सेन नदी थोड़ा गुलबिया जाते हैं।
मैं तब यहाँ था जब वह, जिसके साथ मैं चल रहा था,
पैदा तक नहीं हुई थी
और दूर मैदान में शहर खड़े थे अनछुए
समाधिशिला की ईंट की रेत के साथ हवा में उड़ जाने के पहले
और जब लोग, जो नहीं जानते थे, यहाँ रहते थे।
सच है मेरे लिए सिर्फ़ भोर का यह पल।
जीवन जो समाप्त हो चुके अनिश्चित हैं अतीत में मेरी तरह।
मैं शहर पर टोना करता हूँ, उसके बने रहने के लिए।

* * *

शुरू करना रहना एक वाक्य में जो कि ऐसा है कि मानो धातु से पीटकर निकाला गया है। कहाँ से इस तरह की इच्छा? किसी को प्रभावित करने के लिए नहीं। भावी पीढ़ी की याद में नाम बैठाने के लिए नहीं। व्यवस्था, लय और रूप की अनाम आवश्यकता, तीन शब्द जिन्हें हम अव्यवस्था और शून्यता के विरुद्ध प्रयोग करते हैं।

सिर्फ़ यह एक चीज़

एक घाटी और उसके ऊपर शरद के रंगों का जंगल।
एक यायावर आता है, एक नक़्शा उसे यहाँ ले आया
या शायद स्मृति। एक बार, बहुत पहले, धूप में
जब पहली बर्फ़ गिरी, इस रास्ते सवारी करते हुए
उसने आनन्द अनुभव किया, सशक्त, अकारण,
नेत्रों का आनन्द। सब कुछ लय थी
झूमते वृक्षों की, उड़ते एक पक्षी की,
फ़्लाईओवर के ऊपर ट्रेन की, गति का एक उत्सव।
वह लौटता है बरसों बाद, कुछ भी नहीं माँगता।
चाहता है सिर्फ़ एक अनमोल चीज़ :
बिना नाम के शुद्ध दृष्टि हो जाना
बिना अपेक्षाओं, भयों और आशाओं के,
सरहद पर जहाँ 'मैं' और 'मैं नहीं' समाप्त होते हैं।

1985

आत्मस्वीकार

हे प्रभु, मुझे पसन्द था स्ट्राबेरी जाम
और स्त्री की देह की साँवली मधुरता।
और ठण्डी वोदका, तेल में डूबी हिलसा मछलियाँ,
गन्ध : दालचीनी और लौंग की।
तो किस तरह का पैग़म्बर हूँ मैं? क्यों कोई अन्तरात्मा
इस तरह के किसी व्यक्ति में प्रवेश करेगी? बहुत सारे और
ठीक चुने गये, विश्वसनीय थे।
और मुझ पर विश्वास कौन करेगा! क्योंकि उन्होंने देखा
मैं कैसे भोजन ढकोसता, गिलास ख़ाली करता हूँ
और कैसे लालची आँखों से मैं वेट्रेस की गरदन निहारता हूँ।
अवगुण के साथ और उस बारे में सजग। महानता की
आकांक्षा करता हुआ
जहाँ कहीं भी हो उसे पहचानने की सामर्थ्य रखता हुआ,
हालाँकि पूरी तरह से साफ़ नज़र से नहीं
मैं जानता था कि मेरे जैसे छुटभैये के लिए क्या बचा है :
तुच्छ आशाओं का भोज, घमण्डियों का जमावड़ा,
कुबड़ों का टूर्नामेण्ट, साहित्य।

1986

अपनी पत्नी यानीना को विदा कहते हुए

शोक मनाने वाली स्त्रियाँ लौटा रही थीं अपनी बहिन अग्नि को।
और अग्नि, वही जिसे हमने साथ-साथ निहारा था,
उसने और मैंने, विवाह के लम्बे बरसों के दौरान,
अच्छे और बुरे के लिए एक शपथ में बँधे हुए, अग्नि
जाड़ों की अँगीठियों की, पड़ाव के अलाव की, जलते शहरों की
प्राथमिक, शुद्ध, पृथ्वी ग्रह के आरम्भ से
उसके केश उतार रही थी, भूरे लहराते हुए,
पहुँच गयी ओठों और गर्दन तक, उसे सोखती अग्नि,
जिसकी तुलना प्रेम से करती हैं मानवीय बोलियाँ।
मैं भाषाओं की ओर आकर्षित नहीं हुआ। न ही प्रार्थना के शब्दों की ओर।

मैं उसे प्यार करता था, बिना जाने कि वह सचमुच कौन थी।
मैंने उसे दुख दिया, अपने छलावे के पीछे भागते हुए।
स्त्रियों को लेकर मैं उसके प्रति वफ़ादार न था, सिर्फ़ वफ़ादार उसके प्रति।

हमने बहुत सारी खुशी महसूस की और बहुत सारा दुर्भाग्य,
विच्छेद, चमत्कृत करने वाले टिकाऊपन। और यहाँ यह राख।
और समुद्रतटों से टकराता हुआ जब मैं एक ख़ाली गली से गुज़रता हूँ
और समुद्र तटों से टकराता हुआ। और अनुभव की सार्वभौमिकता।
अपने को विस्मृति से कैसे बचाना? कौन सी शक्ति

उसे बचाती है जो था, अगर स्मृति नहीं टिकती है?

क्योंकि मुझे थोड़ा भर याद है। बहुत थोड़ा मैं याद करता हूँ।
सचमुच क्षणों की वापसी का अर्थ होगा अन्तिम फ़ैसला
जिसे दया दिन-ब-दिन हमारे लिए स्थगित करती रहती है।

अग्नि, भारीपन से मुक्ति। सेब नहीं
गिरता भूमि पर।
पहाड़ खिसकते हैं एक स्थान से। अग्नि-यवनिका के पीछे
एक भेड़ खड़ी है अविनाशी रूपों की बाँगर में।
आत्माएँ रौरव नरक में जलती हैं। पागल हैराक्लीटस
देखता है कैसे एक लपट संसार की बुनियादों को लीलती है।
क्या मैं शरीरों के पुनर्जीवन में यक़ीन करता हूँ? इस राख के नहीं।
मैं पुकारता हूँ, मोहित करता हूँ : कणो, अपने को खोल दो!
अलग-अलग तत्त्वों में भाग जाओ, राज्य को आने दो!
पार्थिव अग्नि के परे अपने को नये ढंग से विन्यस्त करो!

1986

संगीत में

एक बाँसुरी का विलाप, एक नन्ही ढोलक,
एक जोड़े को ले जाती हुई विवाह की छोटी सी बारात
गाँव की एक गली में, मिट्टी के बने घरों के सामने।
बहू की पोशाक में बहुत सारा सफ़ेद रेशम।
जीवन में सिर्फ़ एक बार, न जाने कितना कुछ त्यागा उसे
सिलने के लिए।
दूल्हे की पोशाक काली, अवसर के लिए कड़क।
बाँसुरी कुछ कह रही है पहाड़ियों से, झुलसी हुई, हिरनों के रंग की।
खाद के सूखे ढेर को खखूरती मुर्गियाँ।

मैंने उसे देखा नहीं, मैंने अनुमान लगाया संगीत सुनते हुए।
वाद्ययन्त्र अपने लिए बज रहे हैं, अपने ही अनन्त में।
ओंठ फूँकते हैं, सुघर उँगलियाँ सक्रिय हैं, कितने कम समय के लिए।
जल्द ही प्रदर्शन ख़ाक में मिल जाता है
आवाज़ बची रहती है, अपने में और विजयी,
हमेशा समर्पित : उसके साथ हर बार वापस आता
कपोलों का गरम स्पर्श, घरों के अन्तरंग
और विशिष्ट मानवीय जीवन
जिसके बारे में वृत्तान्तों में कोई ज़िक्र नहीं।

और फिर भी

और फिर भी हम इतने एक-दूसरे जैसे थे
लिंगों और योनियों की अपनी सारी दुर्गति के साथ
तेज़ी से धड़कते हुए, भय और सुख में, हृदय के साथ,
और आशा के साथ, आशा के साथ, आशा के साथ।

और फिर भी हम इतने एक-दूसरे जैसे थे,
कि हवा में अँगड़ाई लेते हुए आलसी दैत्यों ने
हमको भाई-बहन समझा होगा
एक धूप भरे बगीचे में साथ-साथ खेलते हुए,
सिर्फ़ हमें इसका पता न था,
अपनी-अपनी त्वचा में, अलग-अलग बन्दी,
बगीचे में नहीं, कड़वी धरती पर।

और फिर भी हम इतने एक-दूसरे जैसे थे,
हालाँकि घास के हर तिनके की अपनी नियति थी,
जैसे कि आँगन में हर चिड़ियाँ, हर जंगली चूहे की।
और नवजात शिशु की, जिसे यान या तेरेसा नाम
दिया जाएगा,
पैदा हुआ या तो लम्बे सुख या शर्म और तकलीफ़ के लिए
सिर्फ़ एक बार, संसार के अन्त तक।

सामंजस्य

देर से आया उसके पास सामंजस्य का समय
स्वयं अपने आप से 'हाँ'– उसने कहा –
'मैं बनाया गया था कवि होने के लिए
और कुछ नहीं। सचमुच कुछ नहीं
मैं सिर्फ़ यही जानता था। बहुत शर्मसार,
फिर भी नियति को बदलने में समर्थ।'

कवि : वह जो हमेशा कुछ और के बारे में सोचता है।
उसकी अन्यमनस्कता नज़दीकी लोगों को हताश करती है।
शायद उसके पास मानवीय भावनाएँ तक नहीं।

लेकिन, अन्त में, क्यों नहीं?
मानवीय बहुलता में परिवर्तन, विभेद की भी
ज़रूरत है। चलो हम कवि से मिलें
एक छोटी बेरंग बस्ती में उसके छोटे मकान में
जहाँ वह ख़रगोश पालता, घरू वोदका बनाता
और एक टेप पर बैरागी कविताएँ रिकार्ड करता है।

अर्थ

– जब मैं मरूँगा, मैं संसार का अस्तर देखूँगा
दूसरी तरफ़, चिड़ियाँ, पहाड़ और सूर्यास्त से परे।
असली अर्थ समझ की माँग करता।
जो ग़लत लगता था, सही लगेगा।
जो पहचान के परे था, पहचाना जाएगा।

– लेकिन अगर संसार का कोई अस्तर न हुआ?
अगर शाखा पर कस्तूरिका कोई संकेत क़तई नहीं है
बल्कि शाखा पर कस्तूरिका ही, अगर दिन और रात
एक-दूसरे के बाद आते हैं बिना अर्थ की परवाह किये
और पृथ्वी पर कुछ और नहीं है, पृथ्वी के अलावा?

अगर इस तरह यह है, तब भी बचा रहेगा
एक शब्द जगाया गया क्षणभंगुर ओठों द्वारा,
जो भागता, और भागता है, एक अथक सन्देशवाही,
तारक-क्षेत्रों की ओर, आकाशगंगाओं के पालों में
और प्रतिवाद करता, शोर करता, चीख़ता।

कौन?

सड़क की लाल बत्ती के पीछे चेस्टनट वृक्षों की
युवा पत्तियाँ।
वह कौन है, जो देखता है?
वह कहाँ का है, कहाँ ग़ायब हो जाएगा, कौन
है वह, जो यहाँ होगा उसके बजाय
उसे ही देखता हुआ, फिर भी उसे ही नहीं
रक्त के अलग स्पन्दन के कारण?

और विशाल वृक्षों की शाखाएँ पहाड़ी के ऊपर बने एक खड़े रास्ते पर
एक दूसरे की ओर झुकी हुई और इस गली में
तने के खम्भों के पीछे, एक खुली उज्ज्वलता।
किसके लिए है यह? और वह कैसे बदलती है
दृष्टि की हरेक नयी वापसी के साथ?

तुम स्वयं रहो, इस धरती की चीज़ो, तुम स्वयं रहो।
हम पर भरोसा मत करो, हमारी साँस पर,
हमारी लालची और बेईमान आँख की मनमौज पर।
हम तुम्हारी आकांक्षा करते हैं, तुम्हारे सार-तत्त्व की,
ताकि तुम बनी रहो वही जो तुम हो,
विशुद्ध, किसी के द्वारा अवलोकित नहीं।

सपने

* * *

मैंने उसे एक कम्बल में लपेटा, रोती हुई नहाने के बाद
एक कलुषित झील में।

* * *

चीड़ वृक्षों को चोट पहुँची, पर वे रुक-रुककर बढ़ते रहे।

* * *

बिल्लियों ने मछलियाँ पकड़ीं उथले पानी में दलदलों के बीच।

यह

अगर आख़िरकार मैं बता सकूँ क्या है मुझमें।
चिल्ला सकूँ : लोगो, मैंने तुमसे झूठ बोला
यह कहकर कि यह मुझमें नहीं है।
यह हमेशा वहाँ रहा है, रात-दिन।
ठीक इसी वजह से
मैं बखान कर सका तुम्हारे भभक उठने वाले शहरों का,
थोड़े समय के तुम्हारे प्रेमों का, खेलों का जो
फफूँद गये,
कर्णफूलों, दर्पणों, कन्धे से फिसलती पट्टी का,
शयनकक्षों और रणभूमियों के दृश्यों का।

लिखना मेरे लिए एक रक्षात्मक राजनीति रहा
निशान मिटाने की। लोग पसन्द नहीं कर सकते
उस आदमी को जो वर्जित तक पहुँचता है।

मैं उन नदियों से सहायता माँगता हूँ जिनमें मैं तैरता था, झीलें
जिनमें जलबेंतों के बीच एक पुलिया, एक घाटी
जिसमें गीत की प्रतिध्वनि का साथ देती थी गोधूलि,
और मैं स्वीकार करता हूँ कि होने की मेरी अतिरंजित प्रशंसाएँ
उदात्त शैली के अभ्यास ही हो सकती थीं,
और नीचे यह था जिसे मैं नाम देने की कोशिश नहीं करता।
यह जो एक बेघर आदमी के विचार जैसा जो

भटकता है एक

ठिठुरते पराये शहर में।

और यह उस पल जैसा जिसमें घिर गया

यहूदी देखता है पास आते

जर्मन पुलिस के भारी हैलमेट।

यह उस पल जैसा जब राजकुमार नगर में

जाता है और

सच्चा संसार देखता है : दरिद्रता, व्याधि, बुढ़ापा और मृत्यु।

यह तुलना हो सकती है किसी के स्थिर चेहरे से जो

समझ गया कि

उसे हमेशा के लिए छोड़ दिया गया है।

या डॉक्टर के अटल फ़ैसले सा।

क्योंकि यह जिसका आशय है पत्थर की दीवार तक पहुँचना
और जानना कि दीवार किसी अनुनय-विनय से

मानने वाली नहीं है।

भूल जाओ

भूल जाओ तकलीफ़
जो तुमने दी।
भूल जाओ तकलीफ़
जो तुम्हें मिली।
पानी बहता है, बहता जाता है,
झरना छलकता और ओझल हो जाता है,
तुम चलते हो धरती पर मुश्किल से याद तुम्हें।

कभी-कभी तुम सुनते हो दूर पर एक गीत।
उसका क्या मतलब है, तुम पूछते हो, कौन गा रहा है?
एक बालारुण उगता है,
एक पोता और पड़पोता जन्म लेता है।
और अब तुम्हें रास्ता दिखाता है हाथ पकड़कर।

नदियों के नाम अभी भी तुम्हारे पास बचे हैं।
कितने समय तक बची रह पाएँगी नदियाँ!
तुम्हारे खेत बंजर,
शहर की मीनारें वही नहीं
तुम दहलीज पर खड़े हो, ख़ामोश।

ओ!

ओ, फूला न समाना! एक आइरिस फूल देखकर।

जम्बुकी नीला रंग एला की एक समय की पोशाक की तरह
और एक नाजुक गन्ध, उसकी त्वचा की गन्ध जैसी।

ओ, एक आइरिस फूल का बखान करने में कैसी हकलाहट,
जो खिला जब कोई एला न थी
न कोई राज्य थे
और न कोई देश।

ओ!

गुस्टाव क्लिण्ट (1862-1918)
यूदिता **(एक तफ़सील)**
आस्ट्रियन गैलरी,
वियेना

ओ, ओठ अधखुले, आँखें लगभग बन्द, गुलाबी
कुचाग्र तुम्हारी निपट नग्नता में, यूदिता!

तुम्हारी एक छवि के साथ वे, भागते हैं
आक्रमण करने, तोपखाने के विध्वंस से चिथड़े-चिथड़े होते हुए,
गड्ढों में गिरते हुए, सड़ाँधों में!

ओ, तुम्हारे वस्त्रों का ठोस स्वर्ण, हार के
बहुमूल्य रत्नों की पंक्तियों वाला, यूदिता, उन्हें इस तरह विदा
देने के लिए!

ओ!

साल्वेतोर रोज़ा (1615-1673)
आकृतियों के साथ दृश्य
येल विश्वविद्यालय गैलरी

ओ, चट्टानों के नीचे जल की शान्ति और दोपहर का पीला मौन
और प्रतिबिम्बित
आक्षितिज बदलियाँ!

पुरोभाग में आकृतियाँ नहाने के बाद कपड़े
पहनती हुईं, दूसरी
उस ओर के किनारे पर छोटी और रहस्यमय
अपनी क्रियाओं में!

ओ, सामान्य जीवन से निकाला गया सबसे साधारण और
उठाया गया ऐसी दशा तक
पार्थिव और अलग!

ओ!

एडवर्ड हापर (1882-1967)
होटल रूम,
थाइसैन संग्रह, लूगानो

ओ, क्या उदासी, अचेत, कि वह उदासी है!
क्या निराशा, अचेत, कि वह निराशा है!

एक व्यावसायिक स्त्री, अपने सूटकेसों के बग़ल में, वह बैठी है
एक बिस्तर पर, अधनंगी, एक लाल पेटीकोट में, उसका केशविन्यास
अनिन्द्य, उसके हाथ में संख्याओं वाला एक काग़ज़ का टुकड़ा।

तुम कौन हो? – कोई नहीं पूछेगा, स्वयं वह भी नहीं जानती।

जहाँ कहीं भी

जहाँ कहीं भी मैं होता हूँ जिस किसी भी जगह पर
पृथ्वी पर, मैं लोगों से यह जानकारी छिपाता हूँ
कि मैं यहाँ का नहीं हूँ।
मानो कि मुझे भेजा गया है, सोखने तमाम
रंग, स्वाद, आवाज़ें, गन्ध, अनुभव करने
वह सब कुछ जो
मनुष्य के हिस्से में आता है, और अपने अनुभव को स्वरान्तरित करने
एक जादुई पंजी में और वहाँ ले जाने, जहाँ से
मैं आया था।

ज़ाहिर है

ज़ाहिर है मैंने वह नहीं कहा जो मैं सचमुच सोचता था
क्योंकि नश्वर आदर का पात्र होते हैं
और अनुमति नहीं है, वक्तव्य या लेखन में, ज़ाहिर करने की
अपनी समान क्षणभंगुरता का भेद।
अस्थिरों, अशक्तों और अनिश्चितों के लिए लक्ष्य निर्धारित है :
अपने सिर से दो सेण्टीमीटर ऊपर उठना
और किसी दुखियारे से कह सकना :
"मैं अपनी हालत पर उसी तरह रोया था।"

विरोध

एक ओर संसार, दूसरी ओर मनुष्य और देवता।

संसार अपरिवर्तनीय, अटल, विरक्त है।

यह पत्थर है जिस पर नंगे पाँव दौड़ते हुए तुम्हारे अँगूठे को ठेस
लगती थी।

मनुष्य और देवता दोष और क्षमा के निरन्तर प्रवाह में।

उनके उत्तेजित कण्ठ उचरते हैं शब्द शाप
और आशीष के।

वे अशक्त हैं, परिवर्तनीय, एक दूसरे की सहायता की आशा लिये।

मनुष्य और देवताओं के प्रेम लगातर भय में गँवाये
जाने के।

उनकी वेशभूषा, मुखौटे और गुरगाबियाँ साबित करते हैं कि वे
प्रकृति की व्यवस्था में नहीं रहना चाहते।

दोनों नश्वर और अनश्वर अपने क्षेत्र में रहते हैं,
संसार से ऊपर

भूलो मत, तुम मनुष्य हो या देवता,
तुम्हें क्या प्रणति मिलना है सूर्यों और संसार की
आकाशगंगाओं से।

एक कवि की मृत्यु पर

व्याकरण के द्वार उसके पीछे बन्द हो गये।
अब उसे खोजो शब्दकोष के जंगलों और कुंजों में।

बाद में

मुझे छोड़ गये विश्वास, आस्थाएँ, अन्धविश्वास,
अभिमत, निश्चय, नियम,
सिद्धान्त और आदतें।

एक सभ्यता की कगार पर मैं होश में आया निहंग,
जो मुझे हास्यास्पद और अबूझ लगी,

उत्तर-जेसुइट अकादेमी के मेहराबदार सभागार,
जहाँ मैंने विद्या पायी,
मुझसे शायद प्रसन्न नहीं होंगे।

हालाँकि मैंने सुरक्षित रखे
लैटिन के कुछ वाक्य।

नदी बहती थी आगे बलूत और चीड़ के जंगलों में से।

मैं खड़ा था अपनी कमर भर ऊँची घासों में, सूँघते हुए जंगली गन्ध
पीले फूलों की।

और बादल। जैसे कि वे हमेशा होते हैं उस इलाके में,
बहुत सारे बादल।

विलिया नदी के किनारे, 1999

देर से परिपक्वता

जल्दी नहीं, अपना नब्बेवाँ बरस पास
आने पर
एक दरवाज़ा अपने में खुलता हुआ और मैं दाख़िल हुआ
भोर की स्पष्टता में।

मुझे लगा कि एक के बाद एक मेरी पहले की ज़िन्दगियाँ
विदा ले रही हैं अपने दुखों के साथ, जहाजों की तरह।

देश, शहर, बग़ीचे, समुद्रों की खाड़ियाँ जो मेरे द्वारा
आँके जाने के लिए तय थीं
प्रगट हुई पहले की अपेक्षा बेहतर वर्णन के लिए।

मैं लोगों से अलग नहीं था व्यथा और करुणा ने हमें जोड़े रखा
और मैं कहता था : हम भूल गये हैं कि हम प्रभु की
सन्तान हैं।

क्योंकि हम वहाँ से आते हैं जहाँ अभी बँटवारा नहीं है
हाँ और नहीं के बीच, न ही है, होगा और था के बीच।
हम दुखी हैं क्योंकि हमने अपनी लम्बी यात्रा के लिए मिले
दान के
एक सौवें हिस्से से कम का उपयोग किया है।

पल कल के और सदियों पहले के : एक तलवार का प्रहार,
भौंहों की सँवार,
घिसी धातु से बने दर्पण में एक प्राणहर बन्दूक से गोली,
एक जहाज का समुद्री चट्टान से टकराव वे हमेशा रहते हैं, प्रतीक्षा
करते हुए परितोष की।

मुझे हमेशा पता था कि मैं मजदूर होऊँगा दाखबारी में,
उसी तरह
जैसे सब नर-नारी जो एक ही समय में रहते हैं भले वे उसके बारे में
सचेत हों
या अचेत।

अगर नहीं है

अगर नहीं है कोई ईश्वर,
तो मनुष्य को हर चीज़ की अनुमति नहीं है।
वह स्वयं अपने भाई का प्रहरी है
और उसे अनुमति नहीं है अपने भाई को दुखी करने की,
यह बताकर कि कोई ईश्वर नहीं है।

एक प्रवास

उस शहर में प्रवास एक सपने की तरह था,
और वह सपना कई बरस चला।

सच कहूँ तो मैंने किसी चीज़ की परवाह नहीं की,
जब तक मैंने यह आवाज़ सुनी जो कविताएँ लिखवाती थी।

इस ढंग से मैंने जीवन का जुगाड़ किया
और इस ढंग से मेरी नियति ने अपने को पूरा किया।

कुछ को ऐसा लगा कि मैं उनके साथ था
इसलिए उन्होंने मेरे स्वाँगों पर यक़ीन किया।

मैंने अपने को इस पर कोसा, क्योंकि मैं भिन्न होना चाहता था :
सच्चा, साहसी, उदात्त।

बाद में मैंने सिर्फ़ कहा : दहलीज़ें बहुत ऊँची हैं
मैं हूँ और मैं कुटिल बना रहूँगा, किसी को इससे क्या मतलब?

अभिभावक देवदूत

मेरा अभिभावक देवदूत स्वप्न में स्त्री का आकार लेता है।
हमेशा वही नहीं। जानता कि मुझे, कामुक को,
एक प्यारा स्पर्श चाहिए।
हम अपने अंग जोड़ते नहीं
लेकिन घनिष्ठता और सही समझ होती है।

मैं देवदूतों की उपस्थिति में यक़ीन नहीं करता था, पर सपने बदल गये हैं।
और जब हाल ही में मैंने ख़ज़ानों से भरी एक भूमिगत गुफा पायी,
हमने साथ-साथ लबादे हटाये और मैंने आग्रह किया
फिर शान्ति के एक क्षण का, नींद लाने वाला।

अब मुझे

अब मुझे समझदार होना चाहिए पहले जितना था उससे अधिक।
लेकिन मैं नहीं जानता कि इतना हो पाया हूँ।

स्मृति संयोजित करती है कलंकों और विस्मयों का इतिहास।

कलंक मैंने बन्द किये अपने तई लेकिन यह क्षण विस्मय का –
एक दीवार पर धूप की धारी पर, पीलक के एक गीत पर,
एक चेहरे पर, आइरिस के एक फूल पर,
एक कवितासंग्रह पर, एक पुरुष पर, टिकता है और लौटता है आभादीप्त।

यह क्षण मुझे अपनी असमर्थता से ऊपर उठाता है।

तुम सब, जिनसे मैं प्रेम करता था, पास आओ, क्षमा करो
मेरे दोष, हिसाब में लेते हुए अपनी सुन्दरता की मेरी प्रशंसा।

तुम परिपूर्ण नहीं थीं पर मेरे लिए यह भौंह का विन्यास,
यह माथे का झुकाव, ये रिझाऊ भले सावधान शब्द
हो सकते थे सिर्फ़ परिपूर्ण प्राणियों के।

मैंने तुमसे अनन्त काल तक प्यार करने की शपथ ली थी, पर बाद में
निश्चय कमज़ोर पड़ गया।
चमकती निगाहों से मेरा कपड़ा बुना गया है
वह इतना बड़ा नहीं कि स्मारक को लपेटा जा सके।

मैं शेष हूँ अलिखित शपथों के साथ स्तुति करते हुए कंई
स्त्री और पुरुषों की।

उनका अतुलनीय साहस, आत्मत्याग, निष्ठा
उनके साथ ही समाप्त हो गये और कोई नहीं जानता उनके बारे में।
कोई नहीं जानता अनन्त काल तक।

जब मैं उसके बारे में सोचता हूँ, मुझे एक अनश्वर गवाह की ज़रूरत है
क्योंकि वही अकेला जानेगा और याद रखेगा।

उम्र नयी

शरीर मेरी आज्ञा पर ध्यान नहीं देना चाहता।
वह गिरता है चौरस रास्ते पर, उसे कठिनाई होती है सीढ़ियाँ
चढ़ने में।
उसके प्रति मेरी दृष्टि व्यंग की है। मैं हँसता हूँ
मांसपेशियों के झूलने पर, पाँवों के घिसटने पर, अन्धेपन पर,
सभी लक्षण धुर बुढ़ापे के।

सौभाग्य है कि रात को मैं अभी भी कविताएँ रचता हूँ।
हालाँकि अगर मैं सुबह लिखूँ तो बाद में अर्थ नहीं निकाल पाता।
मेरी मदद करते हैं बड़े किये अक्षर कम्प्यूटर के।
जिसके आने तक मैं रहा आया जो कि एक उपलब्धि है।

कैसे

मैं समझ नहीं पाता, तुम कैसे ऐसा संसार रच पाये,
मानवीय हृदय के लिए पराया, क्रूर।
जिसमें पिशाच मैथुन करते हैं, और मृत्यु
मूक प्रहरी है समय की।

मैं यह विश्वास नहीं कर पाता कि तुम यह चाहते थे।
यह अवश्य कोई प्राक्-ब्रह्माण्डीय दुर्घटना रही होगी,
अकर्मण्यता की विजय, तुम्हारी इच्छा से अधिक शक्तिशाली।

यायावर रब्बी जिसने तुम्हें हमारा पिता कहा
निहत्था मनुष्य इस धरती के नियमों और जानवरों के विरुद्ध,
अपमानित, हताश,
उसे समर्थन करने दो मेरा
तुमसे मेरी प्रार्थनाओं में।

एक कविताक्रम 'सेवेरिन नाम का पुरोहित' का हिस्सा

ऐसा एक प्रबन्ध

ऐसा एक प्रबन्ध युवा व्यक्ति नहीं लिखेगा।
हालाँकि मैं नहीं सोचता कि मृत्यु का भय उसे लिखवाता है।
यह कई प्रयत्नों के बाद मात्र कृतज्ञता-ज्ञापन है,
और अपकर्ष को विदा भी,
जिसमें काव्यभाषा पड़ गयी मेरे समय की।

ब्रह्मविज्ञान क्यों? क्योंकि पहले को पहला होना चाहिए।

यह वह है जो समझ है सच की। और विशेषतः कविता
अपने भयभीत पक्षी जैसे व्यवहार से
पारदर्शी काँच के विरुद्ध फड़फड़ाते हुए, साक्ष्य देती है,
कि हम रह नहीं सकते माया में।

लौटने दो सचाई को हमारी भाषा में।
जिसका अर्थ है बोध जो सम्भव
नहीं परम सन्दर्भ के बिना।

कविता 'ब्रह्मविज्ञान का एक प्रबन्ध' का एक अंश

धर्म हम अर्जित करते हैं

धर्म हम अर्जित करते हैं लोगों पर अपनी दया से।

वे ईश्वर की देखरेख के बिना रहने के लिए बहुत कमज़ोर होते हैं।

बहुत कमज़ोर, नारकीय चक्रों के चरमराते चक्कर को सुनने
के लिए।

सहानुभूति, दया और समझ की एक आवाज़ के बिना

हममें से कौन सृष्टि से सहमत हो सकता है?

मानवता का अर्थ है आकाशगंगाओं के बीच पूरा अलगाव है।

पर्याप्त कारण कि, दूसरों के साथ, मन्दिर बनाओ

अकल्पनीय करुणा के।

कविता 'ब्रह्मविज्ञान का एक प्रबन्ध' का एक अंश

सच कहूँ

सच कहूँ तो मैं कुछ नहीं समझता, सिर्फ़
हमारा आनन्द-नृत्य, विशाल पूर्णता के कणों का।

वे जन्मते और मरते हैं, नृत्य नहीं रुकता, मैं अपनी आँखें ढाँकता हूँ
मेरी ओर भागते हुए बिम्बों के दबाव से अपने को बचाते हुए।

हो सकता है मैं मुद्राओं, और शब्दों, क्रियाओं का स्वाँग भरता हूँ
अपने लिए निर्धारित समय के मैदान के टुकड़े में ठहरा हुआ।

कर्मकाण्डी, यह जानते हुए, मैं निबाहता हूँ
एक दिन के स्वामी के लिए जो निर्धारित है।

कविता 'ब्रह्मविज्ञान का एक प्रबन्ध' का एक अंश

अगर मेरे पास न होता

अगर मेरे पास न होता इस बारे में विपुल ज्ञान
जो कि कहा जाता है अभिमान, अहंकार या आत्मरति,

मैं ले सकता था गम्भीरता से यह तमाशा जो ख़त्म
होता है
परदा गिरने से उतना नहीं जितना साफ़ आसमान से गिरी बिजली से।

लेकिन इस तमाशे की कामेडी इतनी बेमिसाल है
कि मृत्यु लगती है अभद्र दण्ड दयनीय
कठपुतलियों को,
उनके आत्मप्रशंसा के खेलों और अविश्वसनीय सफलताओं के लिए।

मैं इस बारे में विषाद से सोचता हूँ अपने को देखते हुए
खेल के भागीदारों में।

और तब मैं स्वीकार करता हूँ कि मेरे लिए कठिन है अनश्वर
आत्मा में विश्वास करना।

कविता 'ब्रह्मविज्ञान का एक प्रबन्ध' का एक अंश

ऑरफ़ियस और यूरीडिसी

दिवंगत पत्नी केरोल को समर्पित

पाताललोक के प्रवेश द्वार के बग़ल के रास्ते के पटियों पर खड़े हुए
ऑरफ़ियस कुबड़ाता गया हवा के तेज़ झोंके से
जिसने उसका कोट फाड़ दिया, वह कुहरे के गोलों को लुढ़का रही थी,
वह वृक्षों की पत्तियों में अपने को फेंक रही थी। कारों की बत्तियाँ
कुहरे की हर नयी लहर के साथ, मद्धम पड़ीं और चमकीं।

वह रुका काँच लगे दरवाज़े पर, अनिश्चित
कि वह आख़िरी सुनवाई के लिए काफ़ी समर्थ है।

उसने याद किये, उसके शब्द : "तुम अच्छे आदमी हो।"
उसने उस पर पूरी तरह यक़ीन नहीं किया। गीतकार-कवियों के
आम तौर पर, जैसा कि उसे पता था, हृदय ठण्डे होते हैं।
यह एक चिकित्सासम्बन्धी बन्दिश जैसी है। कला में परिपूर्णता
दी जाती है इस तरह के सन्ताप के बदले।

सिर्फ़ उसके प्यार ने उसे गरमाया था, उसे मनुष्य बनाया था।
जब वह उसके साथ होता था, अपने बारे में और तरह से सोचता था।
वह उसे अब निराश नहीं कर सकता था, जबकि वह मर चुकी थी।

उसने दरवाज़ा ठेला। वह बरामदों और लिफ़्टों की
भूलभुलैयाँ में चलता गया।

नीलाभ प्रकाश प्रकाश नहीं, धरती का अँधेरा था।

इलेक्ट्रानिक कुत्ते उसके पास से बेआवाज़ गुज़र गये।
वह कई मंज़िलें नीचे उतरा, एक सौ, तीन सौ, नीचे।
उसे लगातार ठण्ड लग रही थी। उसने पाया कि वह कहीं नहीं में है।
हज़ारों हिमीभूत शताब्दियों के नीचे,
राख की रोड़ी पर भस्म हुई पीढ़ियों की,
एक ऐसा राज्य जिसका लगता है न तल था, न अन्त।

ठसाठस भरी परछाइयों के चेहरों ने उसे घेर लिया।
उसने कुछ चेहरों को पहचाना। उसने अपने लहू की लय महसूस की।
उसने अपना जीवन उसके गुनाह के साथ महसूस किया
और उसको उनसे मिलने में डर लग रहा था जिनका उसने
नुकसान किया था।
लेकिन वे याद करने की सामर्थ्य खो चुके थे।
उन्होंने उसे अनदेखा किया, जो हो रहा था उससे उदासीन।

अपने बचाव के लिए उसके पास सप्ततन्त्री वीणा थी।
उसमें वह ले गया था धरती का संगीत, अतल के विरुद्ध
जो सारी आवाज़ को मौन में दफ़्न कर देता है।
संगीत उस पर हावी हुआ। तब वह निष्चेष्ट था।
उसने अपने को आदिष्ट गीत से घेर लिया ध्यान से सुनते हुए।
अपनी वीणा की तरह अब वह सिर्फ़ एक उपकरण था।

इस तरह वह पहुँचा उस लोक के शासकों के प्रासाद में।
पर्सिफ़ोन ने नंगी शाखाओं और गाँठदार टहनियों से काले
मुरझाये नाशपाती और सेब के वृक्षों के उद्यान में,
उसका गहरे बैंगनी नीलम का सिंहासन, उसे सुना।

उसने गाया सुबहों का उजलापन और हरियाली में नदियाँ,
गुलाबी भोर के धुँधले जल के बारे में
रंगों के बारे में : शिंगरफ, किरमिज़ी,
गेरुआ, नीला,

संगमर्मर की खड़ी चट्टानों के नीचे समुद्र में तैरने का आनन्द।
एक मछुआरे बन्दरगाह की धमाचौकड़ी में अटारी पर भोजन के बारे में।
शराब, नमक, जैतून के तेल, सरसों, बादाम, स्वाद के बारे में।
अबाबील की, बाज़ की उड़ान के बारे में,
खाड़ी के ऊपर पैलिकन के एक झुण्ड की गर्वीली उड़ान के बारे में।
गर्मियों की बारिश में अंजलि भर लाइलैक फूलों की गन्ध के बारे में।
अपने शब्दों को मृत्यु के विरुद्ध रचने के बारे में
और शून्यता की स्तुति में उसने कोई तुक नहीं बनायी।

मैं नहीं जानती, देवी बोली, कि तुम उसे प्यार करते थे,
लेकिन तुम यहाँ तक आये हो उसे रिहा कराने।
और वह तुम्हें लौटा दी जाएगी। बहरहाल, कुछ शर्तें हैं।
तुम्हें उससे बोलने की अनुमति नहीं है। न ही वापसी की यात्रा में
तुम्हें अपना सिर मोड़ने की यह आश्वस्त होने के लिए कि वह तुम्हारे
पीछे है।

और फिर हर्मीज़ यूरीडिसी को सामने लाया।
उसका चेहरा बदला हुआ, बिलकुल भूरा,
उसकी पलकें झुकी हुईं, उसके नीचे कोड़ों की छाया।
वह भारी क़दमों से चल रही थी, हाथ द्वारा संचालित
अपने पथप्रदर्शक के। उसने बहुत चाहा
उसका नाम उचारना, उस नींद से उसे जगाना।
पर उसने संयम बरता जानते हुए कि उसने शर्तें मानी थीं।

और उनकी यात्रा शुरू हुई। वह पहले, और फिर लेकिन एकदम से नहीं,
देवता के चप्पलों की थाप और हलकी टपटप
उसके पैर बँधे कफ़न जैसी पोशाक से।
एक सीधी ढलुवाँ चढ़ती हुई पगडण्डी टिमटिमाती थी।
अँधेरे में एक सुरंग की दीवारों की तरह।
वह रुकता था और सुनता था। लेकिन फिर वे भी
रुक जाते थे, प्रतिध्वनि मन्द पड़ जाती थी।

जब वह फिर चलना शुरू करता, दुहरी चाप फिर होने लगती।
कभी वह लगती पास, कभी अधिक दूर।
उसके विश्वास के अन्दर एक सन्देह उभर आया।
और उसने इसे इश्कपेंचा की तरह लपेट लिया।
रोने में असमर्थ, वह रोया ध्वस्त होने पर
मानवीय आशा के मृतकों के पुनर्जीवन की,
लेकिन अब वह और सब दूसरे नश्वरों जैसा ही था,
उसकी वीणा मौन थी और वह बिना किसी बचाव के नींद में खोला गया।
वह जानता था कि उसे विश्वास होना चाहिए और वह विश्वास
नहीं कर पा रहा था।
और काफ़ी लम्बे समय तक बची रही यह अनिश्चित सचाई
अपनी ही पदचापों को गिनने की तन्द्रा।

सुबह हो रही थी। चट्टान के किनारे दीखने लगे
पाताल से प्रस्थान की प्रदीप्त आँख के नीचे।
और वैसा ही हुआ जैसा उसने महसूस किया था। जब उसने अपना
सिर घुमाया,
उसके पीछे रास्ते पर कोई न था।

सूर्य। और आकाश, और उसमें बदलियाँ।
सिर्फ़ अब उसमें सब कुछ चीख़ रहा था : यूरीडिसी!
मैं तुम्हारे बिना कैसे रह रहूँगा, ओ मेरी सान्त्वना-सखी!
लेकिन जड़ी-बूटियों की सुगन्ध थी, मधुमक्खियों का नीचे सघन गुंजार।
और उसे नींद आ गयी उसका कपोल गरम धरती पर।

□ □